그림들의 —— 혼잣말

글·그림 조선진

그림들의 — 혼잣말

니들북

프롤로그

  배낭을 메고 정처 없이 여행을 다니던 시절, 그날도 이름 모를 동네에 숨겨진 작은 서점을 찾는 중이었다.
  그곳은 커다란 간판을 달고 있는 가게가 아니라, '가정집 속 서점'이라는 특이한 컨셉을 갖고 있어 꼭 한번 가보고 싶은 곳이었다.

  구글 지도에 나온 곳은 여기가 맞는데 동네 몇 바퀴를 돌아도 보이지 않는다.
  마치 보물찾기를 하듯 동네를 구석구석 헤집고 다녔다. 비슷비슷한 길, 비슷비슷한 집들 사이에서 그 서점을 찾는 건 쉬운 일이 아니었다.
  한여름 날씨에 온몸이 땀범벅이 되었지만, 이상하게 힘들지도 짜증스럽지도 않았다.

마침내 똑같은 모양으로 나란히 서있는 집들 사이에서 소설책만큼 작은 간판을 발견했을 땐, 오히려 보물찾기에서 1등이라 써있는 쪽지를 발견한 것마냥 기쁘기만 했다.

✕

우리는 얼마나 많은 삶의 숨겨진 그림들을 스치며 살아가는 걸까.

알아채지 못하고 지나치던 일상의 소소한 예쁨들.

아무것도 아닌 거라 생각했던 것들이 위로를 주고, 즐거움을 줄 때가 있다.

나는 그걸 일상에서 발견한 숨은 그림의 한 조각이라 말한다.

돌이켜 생각해보면, 힘들 때 위로가 되었던 건 좋은 기억보다는 평범한 기억들이 더 많았던 것도 같다.

하지만 살아간다는 건 꽤 힘들고 소모적이어서, 그런 평범한 기억들과 소소한 그림들이 주변에 있는지도 모르고 살기가 쉽다.

그래서 나는 이 책을 쓰며 보물찾기를 하듯, 일상의 조각들을 찾아내고자 했다.

※

사는 건 다 다르지만 모두의 삶엔 조그마한 그림들이 있다.

이 책을 보는 사람들이 삶의 다정한 그림들을 조금씩 찾아가는 여정을 즐겼으면 좋겠고, 그 순간순간이 따스하고 즐거운 기억으로 남으면 좋겠다.

  그리고 내게 유년 시절의 따스한 기억을 만들어주시고, 그렇게 만들어진 기억의 조각들로 앞으로의 삶을 그려내게 해주신 나의 할아버지께, 이 자리를 빌어 감사하고 사랑한다 전하고 싶다.

2021 여름

목
차

---

4 프롤로그

Part 1.

어디에도 보여주지 못한,

꼭꼭 숨겨둔 마음에게

14 아무것도 아닌 것들이 건네는 말
18 담벼락 작은 고양이
20 다시 만난 그림책
24 언제나 스마일
28 그림을 그린다는 것
30 시작의 순간
32 해바라기
36 우연히 만난 위로
38 하얀 달
40 모든 평범한 이들의 이야기가 모인 자리
44 유리병 속 나
46 그리고 싶은 곳

Part 2.

그렇게
조금씩
다듬어가는,

수줍은
행복에게

- 52 커피를 내린다
- 54 지극히 개인적인 그림일기
- 56 이백 년째 빗자루를 만들고 있어요
- 62 좋아하는 걸 참지 않기로 했다
- 64 오늘의 속도
- 67 꽃 같은 삶
- 71 그리다, 그리다, 그리다
- 75 경로를 벗어났습니다
- 78 그림이 일이 될 때
- 81 인형의 꿈
- 85 행복이 오는 순간
- 87 저 그런 일을 하고 있어요

Part 3.

어쩌면
함께일지
모를,

모든
누군가에게

95 무지개 드리워진 날
100 아빠의 그림
108 마음을 보여주는 일에 대하여
110 할머니의 그릇
113 골목길 끝자락, 파란 도깨비
119 그 시간 속 우리의 그림
122 공간의 의미
128 오래도록 그곳에 있어줘
135 파랑새
139 내 나이가 되면 알 거야
143 위로의 시간
148 여름의 기억
153 혼자 그리는 그림

Part 4.

조금
다른
눈으로
발견하는,

오늘
또
하루에게

158 언어의 형태
161 펠롱
165 비 오는 날의 풍경
168 선명한 코발트블루
171 성과 깃발
178 세상에서 가장 아름다운 서점
180 설탕
183 동그란 눈의 의미
186 구름도 그림을 그리는 날
188 홍콩 영화는 늘 습기를 머금고 있다
192 그 빛이 아름다워 보이는 이유
198 여행이 보여준 그림

Part 1

어디에도
보여주지
못한,

꼭꼭
숨겨둔
마음에게

아무것도 아닌 것들이

건네는 말

하루가 참 길었다.
해가 질 무렵,
속상하고 힘들었던 일들을 어깨에 지고
아파트 단지에 들어서 올라가는 길.
땅만 보며 걷다 문득 고개를 들었을 때
아파트 한 면이
선명한 오렌지색으로 물들고 있는 풍경이
눈앞에 펼쳐졌다.

늦은 오후면 늘 일어나던 그 일이
오늘따라 유난히 마음에 닿은 것은 내가 지쳤기 때문일까.

길가에 핀 작은 꽃,
바람에 흔들리는 나뭇잎 소리….
아무것도 아닌 것들이 위로가 될 때가 있다.
변하지 않고 늘 그 자리에 있는 것들이
어떻게 늘 좋을 수만 있겠냐고,
괜찮다고 말해준다.

문득, 사는 게 이 풍경과
크게 다를 것 없다는 생각을 한다.
그늘진 면이 있다면
저렇게 예쁜 색을 보여주는 다른 면도 있는 거니까.

아파트 외벽을 따라
길게 늘어지는 오렌지색 노을의 위로를 받으며
스스로에게 속삭인다.
오늘 하루도
딱 저 그늘만큼만 견디고,
저 예쁜 오렌지색만큼만
누리자고.

담벼락

작은 고양이

담벼락에 그려진 작은 고양이가
어쩐지 외로워 보여 안아주고 싶었다.

분명히 같은 모습인데,
가끔 나만 다른 것 같아서
나만 혼자인 것 같아서
너무 외로울 때가 있어.

다시 만난

그림책

살면서 겪게 되는 반가운 순간들이 몇 있다. 나에게 그중 하나는 여행 중 캐리어에 꾹꾹 눌러 담아 가져온, 언어가 달라 읽을 수는 없지만 그저 보기만 해도 좋은 책들을 몇 년 후 한국의 서점에서 한글로 다시 만날 때다. 특히나 그림책일 경우엔 반가움이 배로 커지는데, 이건 일러스트레이터라는 내 직업상 어쩔 수 없이 그림에 먼저 반응하기 때문이다.

어떤 책의 한국어판이 나온 데는 여러 가지 이유가 있을 것이다. 그 나라에서 잘 팔리는 책이어서 가져왔을 수도 있고, 내가 알지 못하는 또 다른 특별한 이유가 있을지도 모른다.

하지만 혹시나…
나와 같은 시선으로
그저 그 그림이 좋다는 게 이유가 되어
좋은 거니까 같이 보고 싶다,
누군가에게 소개하고 싶다,
그런 마음으로 책을 가져왔을지도 모른다고 생각하면
편집자가 누구인지 출판사가 어디인지를 다시 보게 된다.

아무런 연관이 없음에도
우리 통했어!
그런 마음이 든 달까.

파리의 오래된 서점,
예술 코너 제일 아래 칸에 숨어있던 그림책.
교토의 미술대학 앞 조그마한 서점에서 말을 건넨 그림책.

보물찾기하듯 예쁜 그림책을 찾으러 다니던 여행이
머릿속을 스치며 그 설렘도 다시 떠오른다.

오늘, 서울 한복판 큰 서점에서 한글 제목을 달고 있는
귀여운 그림책을 다시 만나니 마음이 몽글몽글해졌다.

내 눈에만 보였던 이 보물을
누군가 똑같이 알아봐줬구나.

언제나

스마일

"아이스 아메리카노 주문하신 분, 커피 나왔습니다."

테이크아웃 종이컵에 작은 스마일 그림과 'nice day!'라는 짧은 인사말이 적혀있었다. 그 동그란 표정을 보고 있자니 나도 모르게 따라서 웃음이 지어졌다.

언젠가 그런 얘기를 들었다.
"넌 늘 좋아 보여, 별로 힘든 일이 없는 것 같아."

"맞아, 늘 웃고 있잖아. 인생이 그냥 순탄해 보여. 우리와는 달리."

우리와는 달리.
어쩐지 선을 확 그어버리는 듯한 미묘한 의미의 그 말에,
반박을 해야 할지 수긍을 해야 할지 알 수가 없었다.

늘 웃고 있다고 늘 좋은 건 아닌데.
보여주는 모습이 밝다고 해서 힘든 일이 없는 건 아닌데.
나는 그저 내가 가진 모습 중 좋은 것만 보여주는 것뿐인데.

속으로만 떠도는 그 말들을 뱉어내지는 못하고
그저 어색한 웃음으로 답하고 말았다.

누구나 달의 앞면처럼 밝게 빛나는 모습도, 달의 뒷면처럼 온통 깜깜하고 어둡기만 한 모습도 있다. 그중 나는 밝음을 선

택했다. 잘될 거라 믿고 싶은 마음을 밝기 위해 애쓰는 노력으로 포장했다. 우울함이나 슬픔을 전염시키고 싶지 않아서 나름의 고민과 고통을 혼자 떠안았다.

그러니 걱정 없어 보인다는 말에 만족해야 하건만, 문득 서운한 건 어쩔 수 없다. 걱정이 있는 사람으로 보이고 싶지는 않지만 알아채줬으면 하는 마음이라니. 참 아이러니하고 알 수 없는 감정이다.

><

힘들 때 힘들다고 말해야 마음이 편해지는 사람도 있지만,
힘들 때 즐겁다고 말해야 마음이 편해지는 사람도 있다.

단지, 언제나 괜찮다고 말하는 사람에게도
가끔 울고 싶을 때 그걸 알아채줄 수 있는 이가 필요하다.

그런 사람이 필요하다는 걸 알게 된 순간,
별일 없어 보이는 사람들을 눈여겨보게 됐다.
혹시 나처럼 별일 없는 척 사는 건 아닐까 하고.

오늘도 나는 입버릇처럼 '잘 되겠지'를 입에 달고 웃으며, 나를 향해 똑같이 웃어 보이는 아르바이트생의 표정을 살핀다. 그녀가 종이컵에 그려준 스마일이 '괜찮아질 거야'가 아니라 온전히 괜찮은 마음이기를 바라며.

그림을

그린다는 것

머릿속에만 있는 어떤 것,
현실에 있지만 형체가 없는 것,
내면에는 존재하지만 밖으로 꺼내 보일 수 없는 것.
이를테면 느낌, 마음, 감정 같은 그런 것.

그림은 손에 잡히지 않고 눈에 보이지 않는 것들을
함께 소통할 수 있는 언어로 바꿔낸다.

색과 선과 면이 각각의 이야기를 들려주고
내가 본 시선을 따라 누군가가 시선을 준다.

그렇게 서로를 알고 공감하는 일.
내게 그림을 그린다는 건 그런 일이다.

어쩌면 이건 인생의 이야기를 전달하는 일일지도.

시작의

순간

누군가에게나 무엇에나
시작의 순간이 있잖아.
여행의 시작, 일의 시작, 사랑의 시작.

돌이켜 보니,
그 모든 시작은 좋아하는 마음으로부터 온 것 같아.
그림을 그리기 시작한 날도,
여행을 꿈꾼 날도,

첫사랑을 시작한 날의 나도.
어쩐지 볼이 빨개지고 심장이 쿵쿵거리며 뛰었던 것 같아.

시작하기 바로 전,
설레던 그 마음으로부터
모든 게 시작되었던 것 같아.

해 바

라 기

구글 맵을 따라 길을 찾던 눈앞에 목적지가 나타났다.
네덜란드 암스테르담의 반 고흐 미술관.
늘 실제로 보고 싶어 했던 그림이 있는 곳이었다.

나는 이곳에 해바라기를 보러 왔다.

네덜란드에 와서 튤립이 아닌 해바라기를 찾다니, 어쩐지 이상한 기분이 들었다. 게다가 나는 해바라기를 좋아하지 않았다. 촘촘히 박힌 까만 씨앗들이 꼭 사람의 얼굴 같아 싫었고 꽃이라고 하기엔 너무 큰 모습도 싫었다. 무엇보다 해를 따라 고개를 돌린다고 해서 해바라기라고 불린다는, 그런 순애보 같은 이름이 마음에 들지 않았다.

그랬던 내가 해바라기를 보러 비행기를 타고 버스를 타고, 낯선 이 나라까지 오게 되다니.

수첩 모퉁이의 작은 낙서부터
마음먹고 그리는 커다란 도화지 속 그림까지,
모든 그림에는 이야기가 있다.
때론 상상력을 발휘하게 되는
숨겨진 이야기들도 있다.

그런 면에서 나는 늘 고흐가 왜 노란색을 좋아했는지 의문이었다. 그의 그림엔 언제나 노란색이 있다. 누구나 한 번쯤은 봤을 〈아를의 노란 방〉과 〈별이 빛나는 밤〉이 그렇고, 또 수십 점에 달하는 해바라기 그림들이 그렇다. 노란 벽지가, 빛나는 별들이, 고개를 숙이고 잎을 떨궜어도 어쩐지 생명력은 그대로인 듯한 커다란 해바라기들이 모두 선명한 노란색을 뿜어낸다.

"보랏빛 눈동자를 가진 해바라기가 노란 벽지를 배경으로 해서 걸려있었다."

고갱이 아를에서의 시간을 회상하며 했다는 말이다. 고흐의 노란색을 궁금해했던 것도 고흐의 노란색을 직접 보고 싶었던 것도 이 말을 처음 들은 그때부터였다. 무섭고 괴상하다고 생각했던 해바라기의 얼굴을 보랏빛 눈동자라고 표현한 그 말이 내 머릿속에 남아 그림을 그렸다.

그리고 눈앞에 백 년의 시간을 훌쩍 뛰어넘은 고흐의 해바라기가 있다.

해바라기는 금세 시드는 꽃이라는 얘기를 어디선가 들은 듯하다. 그래서일까, 화병에 꽂힌 꽃들 중에는 축 처진 꽃송이도 몇 개 보이는데, 이상하게도 그림에서 뿜어져 나오는 힘은 강렬했다. 따뜻하다고만 생각했던 노랑이 그렇게 강렬할 줄은 몰랐다.

그 노랑이 가진 의미에 대해 곰곰이 생각해본다. 외롭고 고통스러웠을 시기, 그는 어쩌면 그림을 통해 도피한 건 아니었을까. 환하고 따뜻한 노란 해바라기를 그리면서, 비참하고 슬펐을 현실의 삶에서 조금은 벗어날 수 있었을까. 화병에서 시들어가고 있을지언정 선명한 생명력을 내뿜는 해바라기에 그의 모습을 비추어 본다.

나를 여기까지 오게 만든 건
책에서 본 한 줄의 글과 하나의 그림.

누군가의 그림을 자세히 들여다본 순간,
지금껏 듣지 못했던 다른 이야기가 들리기 시작했다.

우연히 만난

위로

홀로 찾은 골목 구석의 작은 갤러리.
들어보지 못한 작가의 이름과, 처음 보는 그림들 사이의 나.
무제라 이름 붙여진 외로운 그림들이
내게 위로를 전하는 것 같다.

아주 우연히 만난
이름 모를 그림 한 장이 건네주는
그런 위로도 있다.

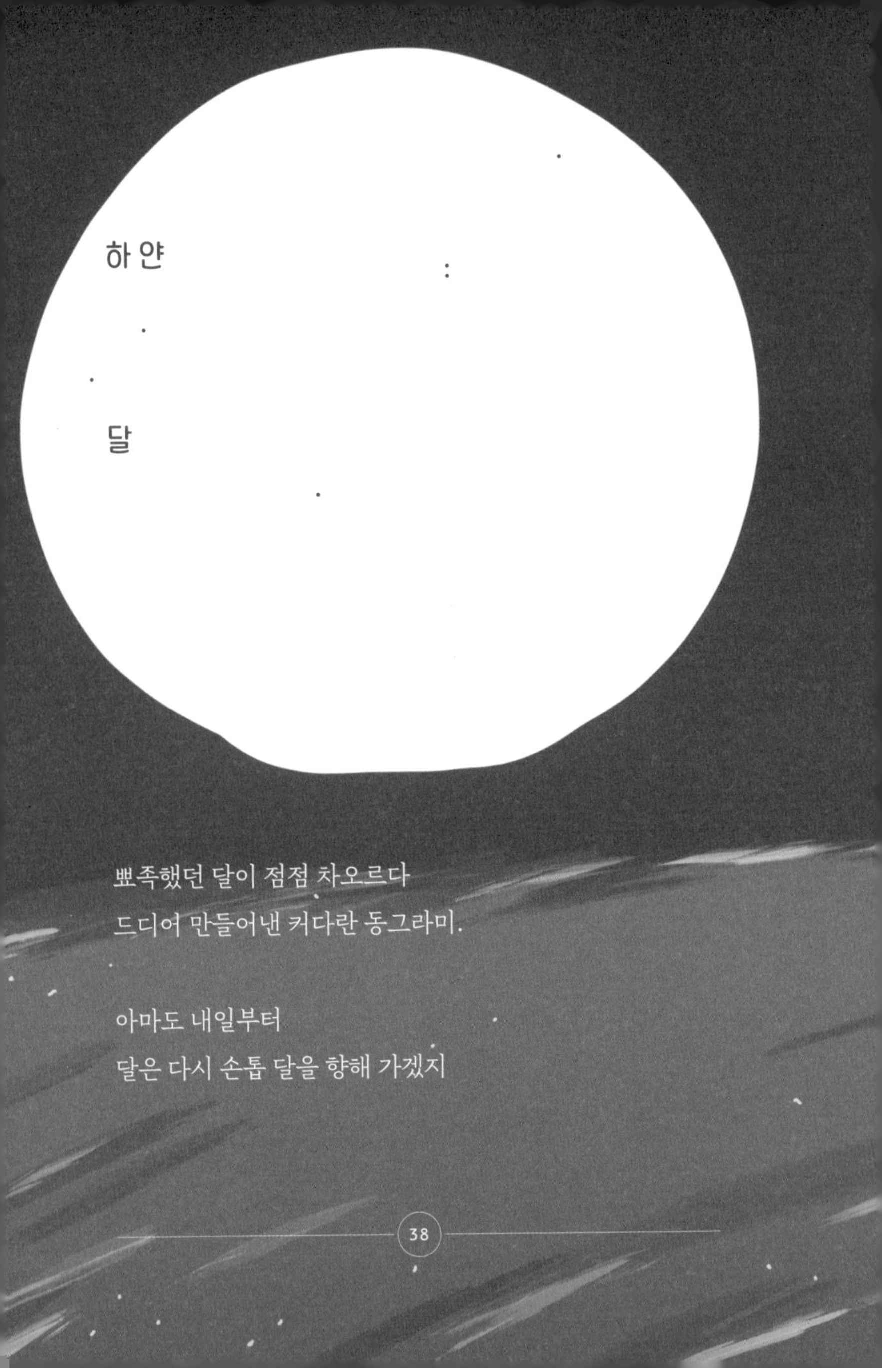

하얀

달

뽀족했던 달이 점점 차오르다
드디어 만들어낸 커다란 동그라미.

아마도 내일부터
달은 다시 손톱 달을 향해 가겠지

세상의 주인공이 된 듯
온통 환한 날이 있는 것처럼,
아무것도 보이지 않는 까만 밤 같은 날이 올 때도 있어.
만약 지금이 어둡다면,
환하게 세상을 비추던 시간을 지나
잠시 움츠려 있는 시간이 아닐까.

다시 보름달이 되는 순간은 언제고 올 거야.
그러니 잠시 그렇게
시간에 맡기고 기다리는 날도 필요해.

모든 평범한 이들의

이야기가 모인 자리

"작가는 무슨 생각을 하며 그렸을까?"

친구와 오랜만에 갤러리에 갔다. 커다란 캔버스에 파란 물감으로 그려진 바다 그림 앞에 한참이나 서있던 친구가 질문인지 혼잣말인지 모를 말을 조용히 내뱉는다.

"으음, 무슨 생각을 하며 그렸는지는 모르겠지만, 내 눈엔 그냥 쓸쓸한 바다로 보이는데?"

"그런 직관적인 거 말고 뭔가 숨겨진 의미나 특별한 생각이 있지 않을까?? 네가 보기엔 어때? 너도 그림 그리는 사람이잖아."

"……"

생각에 잠기려는 순간, 친구가 다시 말을 이었다.

"난 갤러리에 올 때마다 살짝 긴장하게 돼. 어쩐지 작가들은 좀 다른 시각이나 생각을 가지고 있을 것 같거든. 내 눈엔 그냥 보이는 게 전부지만 그게 아닐까 봐, 그래서 보이는 대로 말하면 부끄러운 걸까 봐 불안해져."

문득 그런 걸까, 생각해보게 된다.

※

사람은 어떤 형태로든 기억을 저장한다. 오늘 먹은 것, 다녀간 곳을 사진으로 찍기도 하고 순간순간 느끼는 치열한 감정을 글로 기록해두기도 한다. 그걸 누군가는 그림으로 저장한 것일 뿐, 결국 하나의 일상이다. 그러니까 그냥 그림을 통해서 내가 보고 싶은 걸 보면 될 일이다.

눈앞의 바다 그림에 내가 쓸쓸함을 느낄 때 누군가는 평화롭다고 느낄 수 있을 테지만 그렇다면 그걸로 충분하다고 믿는다.

취향이나 관점의 차이는 있겠지만 감정에 정답이 있을 리 없으니까.

유리병 속

나

남들이 보기엔 그저
어항 속 반짝반짝 빛나는 열대어처럼 예뻐 보일지 몰라.
하지만 예쁘고 작은 유리병 안에 갇혀
그 세상이 전부인 것마냥 살고 있는 건 아닌지.
유리병 너머 보이는 세상도
마치 다 알고 있다고 생각하는 건 아닌지.
나를 둘러싼 세상의 크기를 가늠해보는 날도 필요해.

그리고 싶은

곳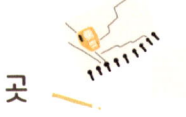

"작가님, 저 그림은 리스본인가요? 음, 저런 노란 트램이 다니는 곳이면 리스본인데?"

작업실에 놀러온 그녀의 손가락이 가리키는 곳을 따라 시선을 옮기니 벽에 걸어둔 그림이다. 머스타드색의 트램이 도시를 가로지르고 있다.

"네, 리스본 맞아요."

"아, 정말요? 저도 리스본 다녀왔어요! 거기 정말 좋죠? 노란 트램도 너무 예쁘고!"

그녀의 눈동자가 반짝반짝 빛난다.

여행 때마다 늘 하얀 스케치북 한 권과 몇 자루의 펜을 준비하지만, 이상하게도 막상 여행지에 가서는 쉽게 스케치북이 펼쳐지지 않았다. 내 눈앞에 있는 풍경이 그림으로 다 담기지 않을 거라는 걸 알아서일까.

그렇게 몇 번의 시도 끝에 마음을 바꿨다.
여행은 여행대로 그냥 즐기고
그림은 돌아가서, 라고.

여행에서 돌아와 피로를 풀 새도 없이 밀린 일을 처리하며 시간을 보내다 보면, 그곳을 그리워하는 마음이 극대화되는 순간이 온다. 아마도 그때 가장 좋은 그림이 그려지는 것 같다. 내가 온힘을 다해 그곳을 꿈꾸고 있을 때, 그리워하고 있을 때.

버릇도 하나 생겼다.
여행 후 그림을 그리고 싶다는 마음이 생기면
아, 이번 여행은 괜찮았구나, 라고 안도하게 된다.

그리고 싶다는 건 기억하고 싶다는 뜻이니까.

그때 그곳에서 느꼈던 음악, 향기, 날씨.
세상에 있는 단어로는 표현하지 못할 그 어떤 것이
나를 그곳으로 인도한다.

내 마음을 흔드는 무언가가 지금의 나를 그때로 불러들인다. 그렇게 그려진 그림을 보고, 오늘처럼 내 그림이 누군가의 기억을 소환하는 매개체가 된다면, 그 기억이 그의 눈을 반짝이게 해준다면, 비로소 여행이 완벽하게 마무리되는 듯한 느낌을 받곤 한다.

※

여행의 시작이 기억이라면 여행의 끝은 공감이 아닐까.

Part 2

그렇게
조금씩
다듬어가는,

수줍은
행복에게

커피를

내린다

겉으로 보기엔 그저 똑같은 까만색 콩일 뿐인데
어떤 콩에선 새콤한 오렌지 향이 나고,
어떤 콩에선 쌉싸름한 초콜릿 향이 나기도 한다.
어떻게 내리느냐에 따라
맛도 달라지고 향의 깊이도 달라진다.

커피를 내리는 일은 일상과도 같다.
겉보기엔 비슷한 하루,

똑같은 시간을 보내는 것처럼 보일지라도
그 안을 들여다봤을 때
늘 조금씩은 달랐던 것처럼.

나의 커피를 내리는 일은
온전히 나만이 할 수 있는 일.

오늘 나의 하루는
어떤 향과 맛을 가지고 내려지는 걸까.

지극히 개인적인

그림일기

내 마음속엔 그날그날 생긴 작은 도형들이 있다.

속상한 날은 뾰족뾰족 날이 선 삼각형에 가깝고, 좋았던 날엔 말랑말랑하고 둥그스름한 물방울 모양의 도형들이 만들어진다. 그렇게 내 마음속에 만들어진 오늘의 도형을 일기장에 커다랗게 그리고 색연필 하나를 골라들어 꼭꼭 채우고 나면 그날의 그림일기가 완성된다.

착한 마음, 못된 마음, 좋은 마음, 싫은 마음.
때론 지우고 싶은 감정도 있지만
모든 마음들을 한데 담은 나만의 그림일기.

오늘의 모난 삼각형을 꾹꾹 눌러 색칠하다 보면 그런 생각이 든다. 내일은 조금 더 둥글둥글 다듬어서 동그란 보름달 모양은 아니더라도 조약돌 정도는 만들어보자고. 그래서 내가 좋아하는 노란색으로 가득 채워보자고.

나의 그림일기는,
오늘보다 조금 더 좋은 내일을 꿈꾸는
하루하루의 마음들로 채워지고 있다.

이백 년째

빗자루를 만들고 있어요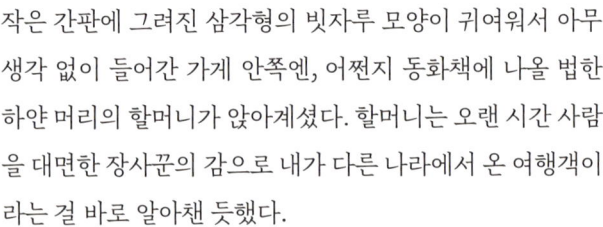

작은 간판에 그려진 삼각형의 빗자루 모양이 귀여워서 아무 생각 없이 들어간 가게 안쪽엔, 어쩐지 동화책에 나올 법한 하얀 머리의 할머니가 앉아계셨다. 할머니는 오랜 시간 사람을 대면한 장사꾼의 감으로 내가 다른 나라에서 온 여행객이라는 걸 바로 알아챈 듯했다.

"어서 오세요."

작은 목소리로 슬쩍 웃으며 한 짧은 인사가 전부, 금세 곧 자리에 다시 앉으신다. 뭐라고 말할 타이밍을 잃어버린 나는 눈

인사를 건넨 뒤 할머니와 제일 멀리 떨어진 벽에 걸려있던 빗자루 앞으로 다가갔다.

손님이라곤 나 하나, 점원도 할머니 한 분.

말을 걸진 않지만 호기심 가득한 할머니의 시선이 나를 따라다닌다. 덕분에 시선이 닿는 내 등줄기엔 식은땀이 주르륵 흘렀다. 어색한 공기 속, 이유 모를 대치 상태를 유지하며 나는 쭈뼛쭈뼛 빗자루 가게를 둘러보았다.

가게 안은 빗자루의 천국이다. 세상에, 이렇게 많은 종류의 빗자루가 있었구나. 크기와 모양이 다른 빗자루들이 빽빽하게 각자의 자리를 차지하고 있었다.

마당 쓸기용으로 보이는 커다란 빗자루부터, 아는 게 전혀 없는 내가 보기에도 고급스러운 대를 가진 빗자루까지. 정삼각형, 이등변 삼각형, 원통형. 모양도 색깔도 크기도 다양하다. 빗자루라면 고작 삼각형 모양만 떠올리는 나에게 '야, 나 이런 모양으로도 만들어질 수 있거든?'하고 비웃으며, 생각지도 못한 모양의 빗자루들이 연이어 나타났다.

그때였다. 드르륵 하며 소란스레 나무문이 열렸다. 손님은 나 혼자라 외로웠던 차에 다른 손님이 온 걸까 싶어 반가운 마음으로 문을 바라보았다.
"다녀왔어요-"
머리가 희끗희끗한 아저씨가 할머니를 향해 인사를 하며 들어온다.
"앗, 손님이 있었구나. 어서 오세요. 뭐 찾으세요?"
할머니의 아들인지 묘하게 할머니와 닮은 아저씨는 나를 보고 잠시 멈칫 하더니 곧 살갑게 말을 붙이며 다가왔다. 할머니는 여전히 발그레 미소 띈 얼굴로 그런 나와 아저씨를 번갈아

볼 뿐 별 말씀이 없으시다.
"이건 뭐에요?"
갑작스런 관심에 깜짝 놀란 나는 가운데가 동그랗게 뚫려있는 눈앞의 물건을 가리키며 물었다.
"그건 수세미에요."
아저씨는 작고 동그란 수세미를 들고 접시를 닦는 시늉을 해보였다.

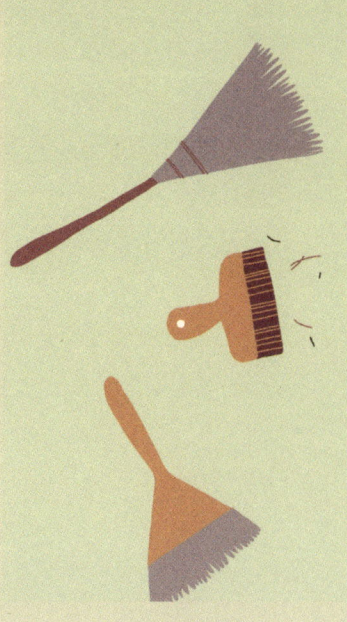

나는 모양이 다른 수세미 두 개와 아주 작은 빗자루 하나를 가지고 계산대로 갔다. 그 자그마한 물건들을 하나하나 종이로 소중히 포장해주는 할머니의 다정한 마음이 느껴졌다. 나란히 함께 있으니 누가 봐도 모자지간인 아저씨와 할머니에게 꾸벅 인사를 하고, 나무문을 열어 밖으로 나왔다. 그 사이 흐른 시간은 고작 20분 남짓이었지만, 며칠 다른 곳을 여행하고 온 기분이었다.

그날 저녁, 발길 닿는 대로 걷다가 우연히 서점에 들렀다. 교토 여행 코너를 서성이다 아무렇게나 펼쳐 든 책 속에서 그 빗자루 가게를 다시 만났다.

작은 점포 앞에서 팔짱을 끼고 활짝 웃고 있는 사진 속 남자는 아까 내게 말을 붙이던 살가운 아저씨였다. 종려나무를 가지고 빗자루를 만드는 사진 속 손은 어색했던 할머니의 손이 분명했다.
그저 우연히 찾은 동네 가게인 줄 알았던 그곳이 사실은 삼대째 빗자루를 만드는 아주 유명한 가게라고 했다.

교토에는 작은 동네 소품점이 아주 많다. 이제 막 시작한 작고 귀여운 가게도 많지만, 백 년도 넘게 대를 이어가며 가게의 명맥을 유지하는 곳은 더 많다. 그리고 그런 노포들은 단순히 가업을 이어받는 게 아니라 물건의 의미를 이어받는다는 느낌이다.

내가 다녀온 빗자루 가게도 비슷했다. 젊은 시절에 산 빗자루를 오래오래 잘 쓰다가 낡게 되면 그것을 물려받은 그의 아들, 딸이 그 빗자루를 들고 가게를 찾는다.

몇 번 쓰고 버리는 게 아니라 한번 산 물건을 아끼고 고쳐가며 오래오래 쓰는 것은 사는 사람도 파는 사람도 같은 마음을 가져야 가능한 일.

여행에서 만나는 풍경들은 늘 새롭고 다양하지만, 가장 새로운 것은 사람이다. 나와 같은 사람이 전혀 다른 시각에서 세상을 바라볼 때, 나도 그걸 보며 새로운 경험을 한다.

삼대째 빗자루를 만들어온 가족은, 그렇게 빗자루에 담긴 가족의 신념을 들려주고 있었다.

좋아하는 걸

참지 않기로 했다

슬픔이나 기쁨 같은 감정도,
좋아하는 음식이나 커피도,
보고 싶은 사람도,
그리고 싶은 그림도.

참 많은 이유를 붙여 참아왔던 것들이 있어.

울고 싶을 때 울고, 웃고 싶을 때 웃는 일.
좋아하는 걸 먹고, 좋아하는 걸 보는 일.

알고는 있지만
어쩐지 이유를 만들어내 참아왔던 것들.

언제부터 이렇게 감정을 내보이는 게
잘못인 것처럼 되어버린 걸까.

어쩌면 나는 내가 좋아하는 것들을,
나의 의지가 아닌 다른 이의 눈치를 보며 망설였던 건 아닐까.

이젠, 좋아하는 걸 참지 않기로 했다.

오늘의

속도

주위를 둘러보고
소중한 것들을 하나하나 눈에 담고 가는
느리게 걷는 삶을 좋아한다.

하지만 한편으로 내 가슴이 뛰는 순간은,
원하는 걸 열망하면서 그걸 향해 전력 질주할 때였다.

인생을 똑같은 속도로 산다면 얼마나 재미없을까.

가고자 하는 목표 속도가 달라진다면
내가 갈 수 있는 하루치의 속도도 변할 수 있다.

남들이 사는 삶이 좋아 보일 때,
그래서 나도 그렇게 그 속도로 가봐야지 싶을 땐,
그게 정말 내가 원하는 삶인지
내가 갈 수 있는 속도의 길인지
혹은 그 속도로 달렸을 때 행복할 수 있을지
그걸 가늠해보는 게 제일 좋은 방법일지도.

어느 날, 빨리 달리고 싶은 날.
전력 질주한 나를 칭찬하며
늦은 밤 맥주 한 캔 들이키는 그 시간이 행복했다면,

또 어떤 날, 아주 느리게 가고 싶은 날.
오늘 할 일을 내일의 나에게 미루며
이불 속에서 한참이나 뒹굴뒹굴하던 그날의 시간이
즐거웠다면,

이미 나의 속도를 온전히 즐기고 있는 거라 생각한다.
매일의 속도가 같을 필요는 없는 거니까.

꽃 같은

찻잔에 그려진 꽃이든, 길에서 만나는 꽃이든,
꽃 모양을 볼 때면 동생이 생각난다.

동생은 플로리스트다.
정말 어느 날 갑자기 플로리스트가 되었다.
잘 다니던 회사를 때려치우고 플로리스트가 되겠다고 했을 때 가족 모두 놀랬지만, 회사를 다니며 2년간 그 과정을 준비했다는 말을 듣고 더 놀라고 말았다.

그렇지, 얘는 어렸을 때부터 나와 달랐지.
늘 좋아하는 것에만 흥미를 느끼던 나와는 달리 매사에 이렇게 계획적이고 체계적인 애였지.

"난 좋아하는 것만 하고 살 거야! 하기 싫은 일에 시간낭비 하기 싫어."
"어떻게 좋아하는 것만 하고 살아. 언닌 너무 이상적이야."

늘 내게 현실과 이상은 함께 가야 한다고 말하던 동생은 자신의 삶도 그렇게 똑 부러지게 목표를 설정해 달려가고 있었다.

동생은 바빠졌다.
꽃집 사장님의 역할뿐 아니라, 전시회를 하러 독일에 다녀오고 말이 통하지 않는 옆 나라 일본에 가서 수업을 들었다. 배움의 과정을 차곡차곡 쌓고 있었다.

그 모든 게 즐겁지만은 않을 것이다. 돈과 시간, 노력, 그리고 그걸 들여서 얻을 수 있는 것에 대한 기회비용. 환하고 예쁘게만 보이는 꽃들 사이에 분명 보이지 않는 현실이 있을 것이다.

그럼에도 그 애가 좋아하는 걸 하면서 잘 사는 것처럼 보이는

건, 아마도 이상과 현실 사이의 괴리를 저울질하며 맞춰가고 있기 때문이겠지.

문득 나를 돌아본다.
나는 잘 지내고 있는 걸까.
이상에 갇혀 현실을 외면한 채 살고 있는 건 아닐까.
그저 노력하기 싫어서 지금 이대로가 좋다고 말하고 있는 건 아닐까.

어릴 때 그 마음처럼 좋아하는 걸 하며 살고 있지만,
어쩐지 멈추어있는 건 아닌지 나를 돌아본다.

그리다,

그리다,

그리다

그리다, 라는 말이 좋다.

그림을 그리다, 의 그리는 것도 좋고
널 그리다, 의 그리움도 좋다.
꿈을 그리다, 라는 의미도 좋다.

우리 모두의 마음 안엔
그리다가 만 작은 그림이 있다.

언제 그리기 시작했는지도 알 수 없고
어떻게 멈추게 되었는지도 알 수 없다.
잠시 덮어뒀다가 그만 잊었을 수도 있고,
있다는 건 알지만 어떻게 완성해야 할지 몰라
고민만 하고 있을 수도 있다.

하지만 살아가며 그려왔던 수많은 형태의 그림들이
내 안에 있다는 걸 잊지 않았으면 좋겠다.
꿈을 그린다는 것,
사람을 그리워한다는 것,
나의 삶을 그린다는 것.

그 형태가 어떤지는 알 수 없지만
아주 가끔 내가 그리던 그림을 떠올려 보는 것만으로도
지금을 살아가는 나의 삶과 시간은
더 단단해질 수 있을 테니까.

그리다;

1. 연필, 붓 따위로 어떤 사물의 모양을 그와 닮게 선이나 색으로 나타내다.

2. 생각, 현상 따위를 말이나 글, 음악 등으로 나타내다.

3. 어떤 모양을 일정하게 나타내거나 어떤 표정을 짓다.

경로를

벗어났습니다

"경로를 이탈하였습니다. 경로를 재검색합니다."

내비게이션이 말한다.
목적지 도착 예측 시간이 10분 늘어났다.

네모난 박스 안, 지도 그림을 따라 안내하던 화살표가 곧 다른 길을 탐색한다.

사는 것도 이렇게 목적 지향적이면 좋을 텐데.
가장 빠른 길과 예상 시간을 알려준다면
인생은 어떻게 될까.

남들 가는 데로 말고
내가 가고 싶은 대로 가다 보면
가끔 불안하다.

인생의 경로를 계속해서 이탈 중인 건 아닐까.
이대로 가면 길이 있기는 한 걸까.

하지만 결국 생각은 제자리로 돌아온다.

가다가 길이 없으면 돌아가면 되고,
때론 길을 만들어서 가면 된다.
그러니 그때 그걸 선택했더라면, 하는 후회는 필요 없다.
내가 가고자 하는 방향만 잘 알고 있다면
결국은 목적지에 도착할 테니까.

그림이

일이 될 때

"좋아하는 걸 일로 하고 살아서 좋겠다."

긍정도 부정도 하지 않고 웃어 보였지만
사실은 잘 모르겠어.
그림이 일이 될 때,
좋아하는 일이 점점 지겨워지는 걸 느낄 때.
그 상처는 더 커지기도 하니까.

나의 일과, 내가 좋아하는 것과의

거리두기.

일이 일이 아니게 될 때
그리는 게 그리는 게 아니게 될 때

지금 필요한 건 어쩌면
나의 일과,
내가 좋아하는 것과의 거리두기.
적당한 간격의 거리는
사람과 사람 사이에만 필요한 건 아니라는 걸
어쩐지 알 것만 같아.

인형의

꿈

방긋방긋 웃으며 지나가는 아이들에게 손을 흔들던
커다란 토끼가 인형 탈을 벗는다.
땀에 흠뻑 젖은 머리를 손으로 몇 번 털고
주위를 둘러보더니 구석진 그늘로 가 잠시 앉는다.
토끼 탈의 맑고 동그란 눈과 달리,
그 안에 있던 사람의 눈은 고단하기만 하다.

꿈과 희망의 상징처럼 보이는 인형 안에

사람이 있다는 걸 안 순간은
마치 크리스마스 이브,
내 머리맡에 선물상자를 놓고 간 사람이
산타가 아니라 아빠라는 걸 알게 된 날만큼 충격적이었다.

괴리가 클수록 상실감도 큰 법,
토끼의 눈이 잊혀지지 않는다.

커다란 인형 탈을 보고 즐거워하는 아이의 마음보다
그 안에서 땀 흘리고 있을
누군가의 마음에 더 공감하는 나이가 되었다.

고단함을 알게 되는 나이.
나는 어른이 되었고, 그렇게 알게 되는 것들이
마냥 즐겁지만은 않다는 것도 알았다.

빨리 어른이 되고 싶다고 말하던 어린 나에게
지금의 나는 어른이 좋다고 말할 수 있을까.
토끼 탈 안의 내 눈빛에 책임을 져야 하는 나이건만,
어쩜 산다는 건 이렇게 고되기만 한 건지.

같은 그림이더라도 보는 사람의 마음에 따라
다르게 보이는 것처럼,
일상에서 만난 토끼가 누군가에겐 이벤트일 수도
누군가에겐 고된 하루일 뿐일 수도 있다.
그럴수록 우리는 삶의 대부분을
한순간의 기쁨이나 즐거움에 의지해,
그 기억을 붙잡고 살아가고 있을지 모른다.

위로해본다.
늘 아름답진 않지만 그럼에도 아름다운 순간은 존재하고,
당장 눈에 보이지 않아도 곧 찾아올 거라고.

행복이 오는

순간

하얗고 묵직한 아이스박스가 왔다.
엄마의 손맛 가득 반찬들과
요즘 커피에 취미를 붙인 아빠가 내린 더치커피 두 병,
그리고 잘 먹으라는 짧은 편지.

냉장고에 가득 찬 음식만큼
내 마음도 몽글몽글 차오른다.

행복이 늘 가까이에 있다고 말하면서도
제대로 돌아보는 건 얼마나 어려운지.

멀리서 온 그 마음들을 하나씩 들여다본다.

반찬을 하고 커피를 볶으며 아마도 내 생각을 했겠지.
그 마음을 커다란 박스에 차곡차곡 넣으며 얼마나 설렜을까.

마음이 마음으로 전달되는 이 순간,
행복의 온도를 깨닫는다.

저 그런 일을

하고 있어요

"네가 무슨 일을 하는지 알게 된 후부터는 이런 것들이 다 새롭게 보여!"

오랜만에 만난 친구와 이런 저런 이야기를 하는 중이었다. 친구는 들고 있던 테이크아웃용 종이컵에 끼워진 컵 홀더를 보며 내게 말했다.

그녀가 보여준 컵 홀더엔 작은 벚꽃들이 보였다. 그리고 'spring

day'라는 큼지막한 글자가 벚꽃들 사이에 써있었다. 아마도 봄 시즌을 맞아 어떤 일러스트레이터가 작업했을 테지.

가끔 내가 하는 일을 설명하기가 어려울 때가 있다.
그림을 그려요, 라고 시작은 하지만, 정확히 어떤 그림을 그리는지, 그 그림이 무엇을 위해 쓰이는지를 일일이 설명하기가 어렵다. 보통 그림을 그린다고 하면 갤러리에 전시된 작품을 떠올리거나 책에 들어가는 삽화를 생각하는 정도가 전부다.

처음엔 에둘러 말하고, 그럼에도 궁금해하는 사람들에겐 대략적으로 어떤 일을 하는지 예를 들어 설명하고는 하지만, 역시나 한 문장으로 나를 설명하기는 어려웠다.

그러다가 언젠가부터 "일상에 숨어있는 많은 그림들을 그려요."라고 말하기 시작했다. 그렇게 이야기를 시작하면 열이면 열 다 호기심 어린 눈으로 바라본다.
"이를테면, 지금 이 카페의 티슈에 그려진 작은 그림 같은 거?"

그리고 그 눈빛에 대고 한 가지 예를 들어주면, 그때부턴 모두가 숨은그림찾기를 하듯 눈을 반짝이며 주변에 감춰진 그림들을 찾기 시작한다.

"저기 벽에 붙어있는 포스터에 그림이 있어!"
"어제 저녁에 예능 프로그램을 보는데, 화면 뒤편에 그림들이 나오는 거야!"
"요즘 집 앞 공터에 공사를 해서 펜스가 둘러져 있는데 거기에도 그림이 있었어!"

어쩐지 조금 뿌듯하다.

알게 모르게 스쳐 지나갔던 주변의 이름 모를 그림들에게 이름을 붙여준 느낌이랄까.
무심코 지나친 작은 그림들이 나름의 이야기를 가지고 있다는 걸, 그리고 그런 일을 하고 있다는 것에 어깨가 으쓱해지는 것 같았다.

이제는 무슨 일을 하느냐는 질문에 망설임 없이 대답한다.

저 이런 재미있는 일을 하고 있어요.
일상에 숨어있는 그림들을 그리고 있어요.

Part 3

어쩌면
함께일지
모를,

모든
누군가에게

무지개

드리워진 날

한 여행지에 오래 머문다는 것은 그곳이 마음에 들었다는 뜻이다.

피렌체 아래쪽에 위치한, 지도에도 잘 나와 있지 않은 조그마한 시골 마을. 배낭을 메고 떠돌이처럼 발길 닿는 대로 여행을 다니던 시절, 이 작은 동네에 들어서게 된 것은 아주 우연한 일이었다.

시가지라고 하기엔 너무나 작지만 그래도 서너 개의 호텔이 있음을 다행이라 여기며 들어간 곳은, 백 년은 되어 보이는 붉은 벽돌 호텔. 영어도 통하지 않아 손짓발짓으로 예약한 이곳에 일주일이나 머물게 될 줄은 몰랐다.

내가 머무른 작은 방에선 오래된 나무와 카펫 냄새가 자욱했다. 작은 침대 옆의 네모난 창 하나와, 그 창 바로 옆에 놓인 조그마한 테이블이 전부인 그곳에서 나는 아침마다 창문을 활짝 열고 근처 마켓에서 사온 빵과 커피를 먹었다. 그리고 그때마다 창문 너머로 마주하게 되는 풍경이 있었다.

창 너머 반대편 벽돌 건물 아래에는 하얀 벤치가 하나 있었다. 그리고 내가 그 작은 테이블에 앉아 늦은 아침을 먹을 때마다, 분홍색 머플러를 어깨에 두른 할머니가 벤치에 앉아계시는 모습을 보게 되었다.

때로는 지팡이 하나에 의지해 벤치로 걸어오는 모습을 만나기도 했고, 또 늦잠을 잔 어느 날은 할머니가 일어서는 뒷모습을 보며 빵을 우적우적 씹기도 했다. 할머니는 30분 내외의 시간을 그곳에 앉아 잠시 쉬어가는 듯했다.

나는 일주일 내내 같은 시간에 와서 잠시 머물다 가는 할머니가 귀엽기도 하고 재밌기도 했다. 빨간 벽돌 건물과 하얀 벤치와 할머니의 모습은 그림책의 한 페이지 같았다.

하지만 호텔 주인아저씨로부터 우연히 듣게 된 속사정은 조금 더 깊은 이야기를 담고 있었다. 햇살 좋은 날에 볕을 쬐러 산책 나오는 거라 생각했는데, 할머니의 30분은 그게 전부가 아니었다.

할머니에겐 늘 함께 다니는 사이좋은 할아버지가 계셨다. 장을 보거나 산책을 나올 때면, 두 분이 함께 벤치에 앉아 쉬며 도란도란 이야기를 나누었다고 한다. 하지만 작년에 할아버지가 돌아가셨고, 그 뒤로 할머니는 매일 정해진 시간에 여기에 와서 아주 잠시라도 앉았다가 간다는, 마치 영화에나 나올 법한 이야기였다.

한 번도 본 적 없는 두 사람의 모습이 그려진다.

두 사람은 담벼락 아래 작은 벤치에 나란히 앉아 이야기를 했을 것이다. 함께 해온 지나간 삶에 대해 얘기하고, 오늘 먹은 음식이나 동네 친구와 있었던 일 같은, 그런 시시콜콜한 일상의 이야기를 나누었을 것이다.

그리고 이제 혼자가 된 할머니는 할아버지의 온기를 찾아 담벼락을 서성거린다.

그곳에서의 마지막 밤엔 내내 비가 왔지만, 아침이 되자 언제 비가 왔냐는 듯 해가 고개를 내밀고 하늘은 어제보다 더 맑고 선명한 푸른색을 보여주었다. 나는 마지막 아침식사를 하기 위해 창문을 열었고, 배웅이라도 하듯 담벼락에 드리워진 무지개를 만났다.

어김없이 같은 시간.
벤치를 찾은 할머니의 눈에도 무지개가 드리워진다.

매일 마주했던 네모난 프레임 너머의 그림에
할아버지와 무지개가 더해진다.

여행을 마치고 십 년이 훌쩍 지난 지금, 그곳이 어디인지도
기억나지 않을 만큼 희미해졌지만,
어쩐지 그 장면만은 아직도 아주 선명한 그림으로 남아있다.

아빠의 그림

창밖 나무들의 초록이 짙어지고, 어쩐지 공기가 물을 머금은 듯한 기분이 느껴진다.

여름이 왔다. 긴소매 옷을 접어 넣고 반팔을 꺼내 입어야 하는 계절. 그리고 반팔을 입게 되면 어김없이 웃음 짓게 되는 기억이 있다.

내 왼쪽 팔에는 수박씨 모양의 까만 점이 있다. 반소매 옷을 입으면 아슬아슬하게 걸쳐지는 자리에 있는 점이라, 교복을 입던 사춘기 시절에는 그게 꽤나 신경이 쓰였다. 그맘때 아이들이 그렇듯 눈에 선명히 보이는 그 점은 놀림거리가 되어 밴드를 붙이고 다니기도 했었다.

추운 날씨에 긴팔 교복을 입을 때는 잊고 있다가, 여름 교복으로 바뀔 즈음에는 엄마한테 점을 빼고 싶다고 중·고등학교 6년 내내 매달리기도 했다. 내게는 엄청나게 큰일이었지만 엄마가 보기엔 별것 아니었던지, 뭘 그런 것까지 신경 쓰냐며 거들떠보지도 않으셨다. 속상한 마음에 어른이 되면 꼭 점을 빼야겠다고 내심 굳은 다짐을 하기도 했다. 그러던 어느 날, 그런 내 마음을 완전히 바꿀만한 일이 생겼다.

아마도 어버이날을 며칠 앞둔 미술 수업이었던 것 같다. 미술 선생님이 다음 수업엔 부모님의 초상화를 그릴 예정이니 사진을 준비물로 챙겨 오라고 하셨다.

집에 와서 서랍장을 뒤적여 찾아낸 여러 권의 커다란 사진첩.

자연스레 추억 여행에 빠져들었다.
엄마 아빠의 젊은 시절이 고스란히 담겨있는 사진들을 보니, 부모님도 나처럼 교복을 입은 시절이 있었다는 게 신기해 시간 가는 줄도 몰랐다.

부모님의 사진첩을 두어 권 보고 나서 그 옆에 있던 낡은 가죽 표지의 사진첩을 꺼내들었다. 표지 오른쪽엔 동그랗게 뚫려있는 부분이 있고, 내 돌 사진이 끼워져 있다. 언젠가 훑어본 적이 있는 나의 어린 시절을 담아놓은 사진첩이었다.

'에이, 역시 내 사진은 재미가 없어.'

부모님의 사진과 달리 내 사진엔 별 감흥이 없었다. 심드렁하게 몇 장을 넘기다가 덮으려는데, 표지 앞부분이 조금 울어있는 걸 발견했다.
풀이 붙은 건지 누가 붙여둔 건지 표지와 첫 장이 붙어있다.
손으로 조심조심 떼어내니 처음 보는 한 장의 그림이 나왔다.

조선진, 6월 15일 1시 30분 탄생

사진첩의 숨겨진 페이지에는 사진 대신 커다란 아기 몸뚱이가 그려져 있다.
그림의 머리 쪽엔 나의 이름이 적혀있고 태어난 날짜와 시간, 키와 몸무게가 쓰여있었다.

그리고,

    팔에 점이 있음.

아기 그림의 왼쪽 팔엔 까만 점이 그려져 있다. 낯익은 필체의 글씨는 한 자 한 자 꼭꼭 눌러 쓴 듯 마침표까지 찍혀있다.

    손가락과 발가락 열 개, 머리숱 많음.

꼼꼼히 적은 글씨와 엉망인 그림이 있는 앨범을 들고 엄마에게 달려갔다.

"엄마! 이거 뭐야? 이거 엄마가 그린 거야?"
"아이고 그게 아직 있었네, 그거 너희 아빠가 너 낳고 쓴 거야~."

웃으며 말하는 엄마를 한 번 보고 사진첩을 다시 들여다보았다. 어쩐지 기분이 이상했다. 내가 싫어했던 팔의 점을 표시해둔 아빠의 그림이라니.

그 짧은 문장은 아주 오래도록 내 마음에 남았다.
그냥 단순하게 보면 첫 아이가 태어났고, 태어났을 때의 정보를 기입해둔 메모일 수도 있겠지만, 또박또박 정성들여 쓴 그 글자와 그림에 숨겨진 마음이 보였다.

성인이 되고나서는 나도 친구들도 그 점에 별로 관심을 갖지 않게 되었다. 이제는 거리낌 없이 민소매 옷도 잘 입고 다니고, 사춘기 시절에 했던 '언젠가 이 점을 없애고 말아야지!' 하는 생각은 잊은 지 오래다.
가끔 처음 보는 사람이 "어? 팔에 점이 있었네요?" 하고 물으면 재미삼아 그 에피소드를 이야기하기도 한다. 이야기를 듣고 난 사람들은 아빠의 마음에 동화된 듯, 하나같이 비슷한 반응이다.

"아버님이 선진 씨가 태어나서 정말 기쁘셨나 보네요."
"그런가요? 그 마음은 잘 모르겠지만, 어쩐지 그 그림을 보고 나서부터는 점을 빼야겠다는 생각은 안 들더라고요."

그냥 못생긴 점일 뿐이었던 까만 점은, 오래된 앨범 속 아빠의 작은 그림으로 인해 내게도 소중한 점이 되었다.

지금도 종종 생각해본다.
아빠는 어떤 마음으로 그 그림을 그렸을까. 작고 동그란 아기의 몸을 그리고 팔 부분에 점을 찍으며 무슨 생각을 했을까. 그 그림은 아마도 나를 주인공으로 한 아빠의 첫 스케치였겠지. 작은 점 하나까지도 그림으로 남기며, 첫 아이를 품에 안고 했던 생각과 기대만큼 나는 잘 자란 걸까.

아무 의미가 없던 것도, 소중한 사람이 의미를 담아주면 내게도 소중해진다는 걸 그때 조금 알게 되었다.

마음을 보여주는

♡

일에 대하여

카드의 마지막 줄에 고마워, 라고 쓰고
작은 하트를 붙였다.

이 작고 귀여운 모양을 처음 그린 사람은 누구였을까.
어디에선가 심장의 형태를 따온 거라고 들었던 것도 같다.

좋아하는 사람이 생겼을 때
두근두근 빨라지는 심장 박동.

마음에서 마음으로 전해지는
그 두근거림이 만든 형태인 걸까.

이 귀여운 모양은
오늘도 누군가의 마음을 설레게 하겠지.

이렇게 예쁜 형태를
처음 그린 사람은 누구였을까,

할머니의

그릇

할머니의 찬장엔 가늠하기 어려운 오래된 역사만큼이나
이야기를 담고 있는 그릇이 많았다.

화려한 장미 그림이 있는 커피 잔 세트,
둥근 테두리를 따라 작은 풀잎들이 그려져 있는 접시,
손잡이가 없는 무거운 잔.

너무 오래전 일이라 가물가물한 기억이 대부분이지만,
그 안에서 아직 남아있는 또렷한 순간이 있다.
간식을 내어줄 때면
찬장을 열어 그릇을 고르라고 하셨던 할머니의 모습과
고사리 손으로 그릇들을 헤집던 내 모습이다.

그렇게 고른 그릇에 꿀떡이나 양갱 같은 간식을 담아
내 앞에 내놓던 할머니의 손,
그리고 오늘 선진이의 그릇엔 꽃이 피었네,
라고 말하던 할머니의 목소리.

예쁜 그릇들을 보면 할머니와의 그 추억이 떠오른다.

어린 시절,
주변 어른들은 큰 그릇을 가진 사람이 되라고 말하곤 했다.
그 말이 어떤 뜻을 담고 있는지는 알지만,
그때마다 나는 큰 그릇이 되는 것보다는
할머니의 찬장 안,
각기 다른 생김새와 모양을 가진
작고 예쁜 그릇들처럼 되고 싶다는 생각을 했다.

나의 그릇에 꽃이 피었다던
할머니의 다정한 말에 담긴 이야기처럼,
나만의 무늬와 모양을 가진 쓰임새 있는 예쁜 그릇이 되어
오롯이 나의 자리를 지키고 싶다.

골목길 끝자락,

파란 도깨비

작은 천이 흐르는 길을 따라 걷다가 골목 모퉁이를 돌아서니, 레고를 잘 끼워 맞춰 놓은 듯 깨끗하고 반듯한 사각형 집들이 다닥다닥 붙어있는 작은 동네가 펼쳐진다. 그 비슷하게 생긴 집들 사이 '푸를 청'자에 히라가나로 '오니기리'라고 쓰인 간판이 달린 가게가 보인다.

〈아오오니기리〉

일본의 골목을 걷다 보면 집 앞에 작은 제단이 있는 이색적인 풍경을 종종 마주할 수 있는데, 아오오니기리 가게도 마찬가지다.

가게 앞 조그마한 제단에는 어디서 구해왔는지 웃음을 짓게 만드는 삼각 김밥 모양의 커다란 돌이 금줄을 두른 채 우뚝 세워져 있고, 그 앞엔 작은 삼각형 돌들이 귀여운 앞치마를 입은 채 옹기종기 모여있다.

미닫이 나무문을 열고 들어가자 오니기리 가게보다는 유도 도장 관장님이 어울릴 것 같은 체형의 사장님이 웃으며 맞아주신다. 그곳은 정말이지 딱 일본스러웠다. 작고 사람 냄새 나는, 일본 드라마에서 종종 봐왔던 공간과 별반 다르지 않았다. 하지만, 단 하나. 그곳만의 특별한 것이 있었다.

바로, 벽을 가득 메운 파란 도깨비 그림들이다.

아이가 크레파스로 마음껏 그린 자유로운 형태의 도깨비도

있고, 만화가가 그린 것처럼 섬세하고 잘 그린 도깨비도 있다. 어떤 도깨비는 무서운 얼굴을 하고 있지만, 또 어떤 도깨비는 장난스러운 모습으로 춤을 추고 있기도 하다. 그 크고 작은 많은 도깨비 사이에서 언뜻언뜻 한글로 '도깨비' 라고 쓰인 그림들도 만날 수 있었다.

여행을 다니면서 만난 가게들은 모두 자신만의 이야기를 가지고 있다. 대단하고 특별한 이야기일 때도 있고, 때론 사장님의 취향이 들려주는 속삭임일 때도 있지만, 무엇이 됐든 나는 그 공간이 들려주는 이야기들을 좋아한다.

그래서 더 관심이 갔다.
사장님은 어쩌다가 파란 도깨비와 함께하게 됐을까.

벽 한쪽에 걸려있는 낡은 흑백사진엔 사장님의 아버지와 할아버지인 듯한 두 사람이 나란히 서있었다. 아마도 저 시절즈음 시작되었을 아오오니기리의 이야기, 그리고 가게 안을 뒤덮은 파란 도깨비들 그림. 그간 드나들었을 손님들 그리고 여행자들.

어쩐지 시간 여행을 하고 있는 기분이 드는 건 저 흑백사진 속 공간에 내가 와 있기 때문이겠지.

✕

파란 도깨비의 비밀에 조금 더 다가간 건 시간이 꽤 흐른 뒤였다.

여행을 간다며 좋은 곳을 추천해달라는 동생에게 아오오니기리를 말한 적이 있었는데, 동생이 진짜로 그곳을 방문한 모양이다.

여행 후 동생이 들려준 이야기에 따르면, '아오'라고 발음하는 '푸를 청'자는 사장님의 부모님 성이라고 했다. '아오'를 파란색 도깨비와 연결시켜 생각했던 내겐 조금 맥이 빠지는 이야기이긴 했지만, 여전히 왜 파란 도깨비 그림이 많은지에 대한 의문은 풀리지 않았다. 우리는 머리를 맞대고 '그 파란 도깨비들은 뭘까?' 하며 상상의 나래를 펼쳤다.

"그냥 도깨비를 좋아해서인가…"
"아냐. 어쩌면 도깨비를 무서워해서 아닐까? 무서워해서 더 마구 붙여둔 거야! 부적처럼!"
"도깨비 보고 내성 생기라고? 그래서 그렇게 붙여둔 거야?"

우리는 끝맺음이 없는 이야기를 하며 깔깔대고 웃었다.
같은 공간, 같은 그림을 가지고 서로 다른 상상을 한다.

누구라도 먼저 교토에 가면 사장님께 꼭 파란 도깨비에 대해 물어보기로 약속했지만, 어쩐지 내가 먼저 가더라도 묻지는 않을 것 같다.

궁금한 그대로 남겨두어야 다음이 있으니까. 물음표가 이야기가 되어 또다시 그곳을 찾는, 그런 곳을 하나쯤은 남겨두고 싶으니까.

그 시간 속

우리의 그림

인생을 스쳐가는 많은 순간들 속에 그 애가 있다.
꽃을 사러 가서도 그 애가 좋아하는 작가의 전시에 가서도,
좋은 날, 좋은 카페에 가서도.
그저 잊고 살다가도 문득 떠오르는 사람.

기억도 나지 않는 일로 멀어져버린 어떤 관계는
시간이 지나고 나서야 그 의미를 깨닫는다.

지금 와서 알게 된 나의 마음은
그렇게 흘러가는 시간에 맡겼을 때 잊혀지는 사람이 있고,
점점 더 선명해지는 사람도 있다는 것.

언젠가 그 애를 다시 만나게 된다면 말해주고 싶다.
너는 내게 빛바래가는 흑백사진이 아니고
점점 선명해지는 컬러사진 속의 사람이라고.

우리가 함께 그렸던 그 시간 속 그림들처럼
앞으로 함께 그릴 그림들도 기대하고 있다고.

공 간 의

의 미

좋아하는 것들로 공간을 채운다는 것은
어떤 느낌과도 닿아있는 게 아닐까.

어떤 날, 괜찮다고 느꼈던 형태, 온도, 색깔,
그리고 좋았던 기억들이 맞물려
그 공간이 만들어지는 것 같아.

누구나의 공간이 다 다른 건

모두의 기억이 다르기 때문이겠지.

✕

작업실 근처엔 카페가 많다. 처음 이 동네에 둥지를 틀었을 즈음엔 매일 새로운 곳을 하나씩 하나씩 도장 깨기 하듯 다니며 커피를 마셨다.

카페 탐험이 즐거운 이유는 사장님의 취향에 따라 그 공간이 다 다르기 때문이다. 겉으로 보기엔 비슷해 보이는 느낌의 인테리어라고 해도, 흘러나오는 음악이나 소품, 의자나 테이블의 배치 등 공간을 운영하는 사람에 따라 분위기가 달라진다. 그걸 살펴보는 재미랄까. 어쩐지 사장님의 관심사가 무엇인지 유추해보게 되는 재미가 있다.

그중 자주 가는 카페 'y'의 사장님은 카페의 나무문부터 커다란 테이블까지 뚝딱뚝딱 자기 손으로 다 만들었다고 했다. 카페 이름이 왜 'y'인지, 로고는 왜 그 색인지, 벽에 걸려있는 등은 어디에서 가져왔는지. 그 어떤 질문에도 막힘없이 술술 이야기를 풀어내는 걸 보면서 그가 이곳에 가지고 있는 애정에 대해 실감하게 됐다.

좋은 공간에는 그곳을 사랑하는 사람들이 생긴다. 어느덧, 사장님과 같은 눈을 하고 그곳을 찾는 사람들이 늘어났다. 모두가 사랑에 빠진 느낌이었다.

"지금 다른 곳에 하나 더 매장을 하려고 알아보고 있어요."

얼마 후, 우연히 들른 카페에서 다음 공간을 계획하고 있다는 이야기를 듣게 되었다.

새로운 공간에 대한 이야기를 하면서 사장님은 영국에서 갔던 카페의 경험을 이야기해주었다. 오래전부터 있었던 큰 성당을 개조해 만들었다는 아주 유명한 카페. 그곳을 직접 갔을 때 받은, 그 말로 표현할 수 없는 느낌을 다음 공간에 구현해내어 사람들에게 전달하고 싶다고도 했다.

사장님은 공간에 들어갈 것들에 대한 계획을 하나하나 늘어놓았다. 긴 나무 벤치 의자와 햇빛을 받아 반짝거리는 스테인드글라스, 제단도 있었으면 좋겠다고 말하며 리서치한 사진들을 보여준다.

본떠 만든 것이 아닌 그려 만든 공간을 얘기하며, 아직은 상상 속에 있는 그곳에 좋아하는 사람들이 모여 자신이 내려주는 커피를 마시는 그림을 머릿속에 그려본다고 했다.

그 마음이 그대로 전해져, 그 그림이 내게도 그려진다.

또다시 사장님의 눈이 반짝반짝 빛난다.

※

좋아하는 게 있는 사람과 이야기하는 순간은 늘 설렌다.
하고 싶은 게 명확한 사람만이 가지는 빛이 있다.
기억 속 좋은 느낌으로 자리 잡았던 감정을

다른 이에게 전달하고 싶어 하는 그 다정한 마음이,
사람을 빛나게 한다.

언젠가 온전히 그의 취향대로 만들어질 그 공간에,
그 반짝임 속에 있는 나의 모습을 그려본다.

오래도록

그곳에 있어줘

두 명이 채 지나갈 수 있을까 싶은 좁은 골목길을 따라 걷다 보면, '야지키타'라고 쓰인 작은 입간판이 보인다. 그 옆에 달린 조그마한 미닫이문을 열고 들어서면, '어서 오세요'라는 인사와 함께 웃는 얼굴로 반겨주는 아주머니가 있다.

여기는 교토역에서 살짝 떨어진 동네에 위치한 작은 선술집. 하루 일과를 마치고, 그날의 고단함을 맥주 한 잔 사케 한 잔에 흘려보내는 어느 동네마다 있을 술집이다.

그 작은 선술집의 벽에는 〈교토의 밤〉과 〈서울의 낮〉이라는 제목을 가진 그림 두 장이 걸려있다.

나의 그림이다.

※

교토역에서 내려 대부분의 유적지와 관광지가 몰려있는 북쪽이 아닌 남쪽 출구로 나와서 20분 남짓 걷다보면 교토라는 도시에서 기대하기 어려운, 생각지 못한 풍경이 펼쳐진다. 여행을 갈 때마다 머무는 이 동네는 주변에 번화가가 있는 것도 아니고, 역에서도 제법 걸어야 해서 동네 주민들이 대부분인 곳. 어디든 관광객들로 붐비는 교토에서도 쉽게 찾아볼 수 없는, 한적한 편에 속하는 작은 동네다.

오래된 기숙사를 개조해 만든 호텔에 짐을 풀고 나가면, 바로 앞에 슈퍼마켓과 약국, 동네 주민들이나 갈 법한 작은 목욕탕, 라멘 가게와 이자카야, 가라오케, 카페 등이 오밀조밀

모여있다. 서울의 한적하고 오래된 동네와 다를 바 없는 분위기이다. 아침이면 아이를 태운 채 자전거를 타고 어딘가로 가는 아주머니의 모습을, 저녁이면 묵직한 가방을 들고 넥타이를 풀어헤친 채 집으로 가는 아저씨의 모습을 익숙하게 볼 수 있는 동네.

비슷하지만 다른 형태로 살아가는 사람들의 모습 안에, 처음엔 나도 현지인인 척 숨어들었다. 반은 그 사람들처럼, 나머지 반은 여행자의 눈빛을 하고 그들을 바라봤다.

그 동네 골목 한쪽에 야지키타가 있었다.

처음 그 작은 문을 열고 들어설 때의 떨림을 기억한다. 언어도 제대로 하지 못하는 상태에서 현지인들만 갈 것 같은 그곳의 문을 열고 들어선다는 것은, 처음 비행기 표를 끊고 여행을 준비할 때의 기분과 크게 다르지 않았다. 하지만 용기 내어 문을 열고 들어선 순간부터 나에게는, 지금까지와는 전혀 다른 형태의 여행이 펼쳐졌다.

매일의 일상이 비슷했을 그들에게도 내가 새로운 경험이 되었을까. 한국에서 혼자 온 여자애를 호기심 어린 눈빛으로 바라보던 사람들과 이야기를 나누는 건 어렵지 않았다. 손짓 발짓, 휴대폰 번역기까지 동원해 이야기를 이어갔다.

가게 바로 근처에서 목욕탕을 운영한다며 내일 오라고 말해주는 아저씨와 아주머니, 한국어 공부를 하고 있다며 좋아하는 한국 가수 사진을 보여주는 분, 번역기로 열심히 일본어를 번역해 어설픈 한국어로 이야기하시는 분.

내 또래보다는 아마도 엄마나 아빠의 나이에 가까울 사람들과 대화한 것도 그분들이 모두 일본인이라는 것도 익숙지 않은 경험이었다. 언어는 그저 언어이고, 나이도 그저 나이일 뿐이라는 걸 새삼 느꼈달까. 그날의 경험은, 지금까지의 여행과는 다른 새로움을 내게 가르쳐주었다.

그 이후, 교토로 여행을 갈 때마다 야지키타에 들렀다. 이제는 주인아주머니가 서울에서 내가 왔으니 빨리 가게로 오라며 전화를 돌릴 정도다. 많은 이야기를 나누고, 더 많이 이야기하고 싶어 서로의 언어를 공부하며 그렇게 우리는 친구가 되었다.

이제 나는 교토에 가고 싶다는 마음보다는, 그 골목 그 동네에 있는 내 친구들이 있는 야지키타에 가고 싶다는 생각을 한다.

문을 열고 들어서는 것만으로 모두가 반겨주는 곳. 그냥 오래도록 그곳에, 변치 않고 있었으면 싶은 곳. 좋아하는 여행지에 아주 비밀스런 나만의 공간이 생겼다.

나를 기다리는 누군가가 그곳에 있다.

야지키타의 벽에 걸린 〈교토의 밤〉과 〈서울의 낮〉 그림처럼 우리는 다른 곳에 있지만 함께하고 있다.

파랑새

홍콩에 왔다.

어딜 가든 여행 리스트에서 쇼핑은 빠질 수 없지만 홍콩에서의 쇼핑은 더욱 특별하다. 모든 쇼핑이 홍콩의 불빛처럼, 바닷가 모래처럼 반짝이니까.

홍콩 스탠리의 넓은 바닷가 한쪽, 나무들이 무성하게 드리워진 그늘에 작은 마켓들이 줄지어 서있었다. 빈티지 마켓이라든지 플리 마켓은 여행 중 참새 방앗간처럼 빼먹지 않고 들리는 곳이다. 백화점의 반짝반짝 빛나는 새 상품도 당연히 좋지만, 누군가의 손을 거쳐 온 빈티지한 물건들은 숨겨진 이야기가 있을 것 같아 그것대로 또 좋다.
어쩐지 몹시 개인적이기도 한 누군가의 집에 머물러 있던 물건들을 보면, 그 사람의 취향이나 습관이 확연히 드러나 그걸 보는 재미가 있다고나 할까.

아끼던 장난감들을 잔뜩 들고 나온 아이.
커다란 강아지와 같이 앉아 강아지용품들을 파는 아저씨.
모두 각자의 사연이 담긴 소중한 물건을 가지고 나왔다.
그중 내 눈길을 사로잡은 건 커다란 모자를 쓰고 있는 여자의 물건들이었다.

그녀가 가지고 나온 물건들은 다양했다. 컵, 손거울, 스푼, 모자,

엽서 등 누구나 집에 하나씩 가지고 있을 법한 일상용품이다.
그럼에도 그녀의 취향이 확실히 드러났던 것은 바로 물건마다 '새'가 있었기 때문이었다. 그것도 '파랑새'.
유리컵과 잔, 소서엔 각각 다른 파랑새들이 그려져 있었고, 작은 스푼의 손잡이엔 파랑새 각인이, 손거울의 뒷면엔 작은 파랑새 세 마리가 날고 있는 그림이 있었다.

어떤 연유로 이 소중해 보이는 물건들을 내놓았는지는 모르겠다.

어딘가에서 파랑새가 보일 때마다 하나씩 하나씩 모았을 물건들. 내가 모은 것도 아닌데 그 물건을 발견했을 때의 모습을 상상하다 보니, 그녀의 마음이 느껴지는 것 같았다. 그리고 그렇게 모은 것들이 돗자리 위에 놓여 다른 주인을 기다리고 있다고 생각하니 조금은 쓸쓸한 마음이 들기도 했다.
하지만 그렇다고 해서 소중하지 않은 건 아닐 것이다.

그저 그녀에게 쓸모를 다했을 뿐, 다른 이에게 가서 더 좋은 쓰임이 되길 바라는 마음에 이곳에 가지고 온 거겠지.

나는 세 마리 파랑새가 그려진 작은 손거울을 선택했다.

그녀가 오래도록 간직해온 파랑새가 내게 온다.

내 나이가 되면

알 거야

엄마의 나이가 되면 그제야 그 나이의 엄마를 이해하게 된다.

'네가 내 나이가 되면 알 거야.'
'너도 너 같은 딸 낳아봐라. 그래야 내 마음 알지.'

귀에 딱지가 앉게 들었던 그 말들이 예전엔 참 싫었다.

'나는 나고 엄마는 엄만데 나이 든다고 어떻게 알겠어.'

내 생각이 맞았다.
나는 엄마와는 다른 삶을 산다.
하지만 다름에도 불구하고 그 나이가 되니, 어떤 마음으로 나에게 그런 이야기들을 했는지 알 것 같다.
그녀와 같은 삶은 아니나 그 나이의 그녀를 가늠하게 된다고 할까.

어쩌면 엄마는 엄마 스스로를 찾는 여행을 하고 싶었을지도 모른다.

그냥 아이를 키우는 삶 말고,
아빠의 뒷바라지를 하는 삶 말고,
혼자서 훌훌 떠나는 여행이나
치열한 직장생활 같은 것.
더 많은 사람, 더 많은 이야기들을 찾아 자유롭게
자신 안에 숨어있는 많은 꿈을 펼쳐내고 싶었을지 모른다.

어쩐지 그 삶이 녹록치 않았겠구나 싶지만,

그럼에도 너희들이 있어서 좋다는 다정한 엄마의 말.

언제나 한 템포 늦게
내 삶이 온전히 나의 것이 아님을 깨닫는다.

위로의

시 간

나에겐 동생이 둘 있다.
그중 둘째 동생인 남동생과는 꽤 나이 차이가 나는 편인데, 그래서 그런지 나이를 먹어도 어리게만 느껴지고 마음의 간극이 좁혀지지 않았다.

무엇보다 내 스스로, '너는 아직 어려서 몰라'라는 생각을 품은 채 이야기하다 보니 남동생과의 대화는 늘 겉돌기 마련이었다.

그러던 어느 날이었다. 누구라도 붙잡고 마음을 털어놓고 싶은 날이었지만 말할 사람이 없었는데, 때마침 남동생이 옆에 있었다.

"있잖아, 그 애가 분명히 잘 되길 바랐는데, 축하한다고 말하는 내 마음이 막상 그게 아닌 거야. 좋은 마음도 분명히 있는데, 그게 100%의 축하는 아닌? 처음에 들었던 생각은, '온전히 축하해주지 못하는 내가 이렇게 못된 애였나?'였고, 그 다음엔 '그동안 난 뭐 했나?'하는 생각도 들어서 좀 착잡했어…"

내가 지금 이 어린애를 붙잡고 무슨 얘기를 하는 걸까.

속으로는 헛웃음을 지으면서도, 함부로 내어놓기 부끄러운 이런 마음을 온전히 털어놓을 곳이 가족 말고 또 어딨나 싶어 되는 대로 말을 내뱉었다.

한참 아무 말도 없이 날 빤히 바라보던 동생이 드디어 입을 열었다.

"누나, 질투하는 거네."

"……!"

"누나, 지금 느끼는 그 감정은 그냥 그 친구가 주는 '선한 영향력'이라고 생각해. 어차피 가는 길은 다 다르고, 기회가 오

는 것도 다 달라. 그 친구에겐 지금 기회가 온 거고 누나에게도 언젠가 기회가 오겠지.
그냥 있는 그대로 감정을 받아들이고, 나도 노력하면 되는 거야. 질투하는 마음이 나쁜 건 아니잖아."

어리다고, 나를 이해하지 못할 거라고 단정지었던 마음이 미안했다. 나는 그저 감정을 털어놓는 걸로 만족하려 했는데, 동생의 간단하고도 유쾌한 말에 큰 위로를 받았다.

열심히 했지만 보상받지 못한다고 생각할 때, 혹은 내가 한 것들이 잘못된 건 아닐까 하는 생각이 들 때, 같은 일을 하는 누군가의 뒷모습만 보며 따라가는 건 아닐까 싶을 때.

늘 제자리 같아도 분명 조금씩 달라지고 있다.

내 주변에는 각자 길을 달리고 있는 친구들과, 그들이 내게

주는 '선한 영향력'이 있으니까. 혼자였다면 지치고 외로웠을 그 길을 함께 달리고 있는 거니까.
그리고 내가 그리는 그림을 그저 묵묵히 응원해주는 사람이 분명히 있다는 걸 잊지 않는다면, 기회를 기다리는 것도, 내가 하는 일을 바라보는 것도 어렵지 않을 것 같다.

여름의  기억

창문 너머 보이는 나뭇잎이 물을 머금어 선명하고
짙은 초록색으로 빛난다.
매미가 울기 시작하고, 나무의 초록이 짙어지면
그제야 여름이 왔다는 걸 실감한다.

여름, 내가 제일 좋아하는 계절.

문득 책상 아래 있는 빨간 상자가 생각났다.

일 년 내 잊고 살다가도
여름이 되면 한 번씩 열어보게 되는 나만의 보물 상자.
오랜만에 상자를 꺼내
쌓여있는 먼지를 털어내고 뚜껑을 여니,
온갖 잡동사니들이 모습을 드러낸다.

알록달록 색칠된 지점토를 실로 연결해 만든 목걸이,
커다란 연을 찍은 사진 한 장.
오리, 개구리 모양으로 어설프게 접혀있는 종이들,
짝을 잃어버린 털장갑.

차곡차곡 모아놓은 내 여름의 기억 조각들이다.

초등학생이었던 시절,
나의 여름방학은 매미가 울고 나무가 짙어지는
할아버지 댁에서 시작되었다.
더 어렸던 꼬꼬마 시절을
할머니, 할아버지와 함께 보냈던 내게

여름방학은 그저 또 다른 집에 가는 것과 다름없었다.
'내 강아지 왔네!'하며 품에 안아주는 할머니와
뒷짐 진 채 이제나 저제나 대문 주변을 서성이며 기다리신
할아버지와의 한 달.

여름방학의 일상은 늘 엇비슷했다.
어느 날은 할아버지와 앞마당에서 나비와 풀벌레를 잡거나
매미가 나무에 벗어놓은 허물을 구경하고
어느 날은 종이접기,
또 어느 날은 커다란 연 만들기를 했다.
그렇게 긴 낮을 보내고 나면 할머니와의 시간이었다.
할머니가 잘라준 수박을 먹으며

엎드려 방학숙제를 하거나 일기를 쓰고,
무릎을 베고 누워 오늘 있었던 일을 얘기하다가,
달달 돌아가는 오래된 선풍기 소리가 아득해지는 걸 느끼며
스르륵 잠이 드는 시간.

마음속에 아련하게 그림처럼 남아있는,
잊을 수 없는 여름의 기억들.

※

하고 있는 일도, 누군가의 기분을 맞춰주는 일도,
내 마음을 돌아보는 일도 감당하기 어려운 날이 있다.

힘내라는 말이 듣고 싶지 않은 날,
그 누구의 위로에도 위로가 되지 않는 밤엔,
빨간색 상자를 열어 가슴 깊은 곳에 남은
지나가버린 추억을 끄집어내본다.

때론 좋다고 말하는 기억들보다,
그저 많은 일상 중 아무것도 아니었을
그 어느 날의 기억에 기대고 싶을 때가 있다.
온전히 사랑과 사랑, 또 사랑으로만 기억될 그날.

혼자이고 싶은 날엔 그저 조용히,
한여름, 매미가 울고 나무가 온통 푸른색이었고,
내 옆에 있는 모든 것이 사랑으로 충만했던
그날의 추억에 기대어 나를 위로해본다.

혼자 그리는

그림

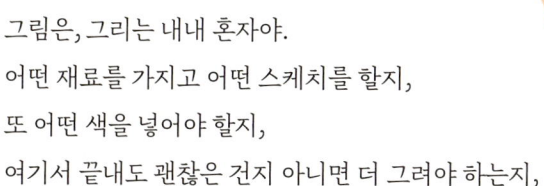

그림은, 그리는 내내 혼자야.
어떤 재료를 가지고 어떤 스케치를 할지,
또 어떤 색을 넣어야 할지,
여기서 끝내도 괜찮은 건지 아니면 더 그려야 하는지,

내가 완성했다고 생각하는 순간까지는,
혼자 생각해야 하고 혼자 고민해야 해.

하지만 그렇게 한 장의 그림이 완성되면
모두와 함께 볼 수 있어.

그렇게 만들어가자.
온전히 나의 의지로 만들어,
모두와 함께 볼 수 있는 그림을,
인생을.

Part 4

조금
다른 눈으로
발견하는,

오늘 또
하루에게

언어의

형태

언어의 형태가 그림으로 보일 때가 있다.
특히 접해보지 못한 언어일수록
문자보다는 그림에 가깝게 보이는데
외국인들이 한글의 'ㅇ'을 문자 말고 그림으로 인식해서
한글은 동글동글 귀여운 그림 같아요, 라고 말하는 것과 비슷한 느낌이 아닐까 싶다.

여행에 문자가 더해지면 또 하나의 새로운 그림이 된다.

걷다 보면 만나게 되는
햇빛에 바랜 간판 위에 쓰인 유려한 문자들,
오래된 카페에 붙여진 빈티지한 포스터,
때로는 도로 어디에서나 볼 수 있는
표지판의 픽토그램과 함께하는 문자들.

말과 글과 그림이 한데 어우러져
여행지의 기억을 다채롭게 만든다.
나는 지금 읽을 수 있는 그림과 함께하는
아름다운 여행을 하는 중.
소소한 여행에 새로운 기억을 더하는 중이다.

펠롱

pellong

날이 너무 좋아서 작업실로 향하던 발걸음을 돌려 집 근처의 카페로 향했다. 늘 앉는 자리에 익숙하게 착석해서 아메리카노를 시키고 노트북을 꺼냈다. 전에 한번 입력해둬서 자연스럽게 연결되는 카페 와이파이가 어쩐 일인지 버벅거린다. 괜히 당황해서 와이파이를 껐다 켰다 하다가 다시 비밀번호를 써봤다.
카페 이름과 같은 비밀번호, pellong.

아무 생각 없이 써내려간 단어가 어쩐지 낯설다.
자주 봐왔던 터라 눈엔 익었지만, 스펠링이 새삼스럽다.
영어일까? 발음을 보면 프랑스어인 것 같기도?

문득 그 뜻이 궁금해져서 초록창에 검색을 해보았지만, 그 어떤 사전에도 나오지 않는다. 스펠링을 잘못 쓴 건지 몇 번이나 확인을 하고 다시 써봐도 나오지 않는 단어.

사장님이 지어낸 단어인 걸까? 요즘엔 이것저것 단어들을 조합해 새로운 단어를 만들어내는 합성어가 유행인 것 같은데, 만들어낸 단어라면 어떤 단어들의 조합일까? 그 의미는 뭘까?

한참 곰곰이 생각하다가 그냥 한글로 '펠롱'이라고 써봤다.
앗, 알파벳으로는 검색이 되지 않았던 단어가 한글로는 검색이 된다.

펠롱
부사, 방언: '반짝'의 방언(제주)

세상에! 펠롱은 '반짝'이라는 뜻의 제주도 방언이었다.
'반짝반짝 작은 별-'로 시작되는 노래에 들어가는 그 '반짝'
의 의미라고 한다.

발음도 그렇고, 스펠링도 알파벳이
라 내가 모르는 영어 단어이겠거니
했는데. 그저 로고에 귀여운 말이
그려져 있는 걸 보고 어쩌면 말과
연관 있는 단어가 아닐까 하고 유추
했는데, 내 생각이 틀렸다.
이렇게 전혀 다른 뜻일 줄이야!

어쩐지 제주 밤하늘에 반짝이는 별과

넓은 초원 아래서 풀을 뜯는 말들이 머릿속에 영화의 한 장면처럼 펼쳐졌다.

오늘, 새로운 이야기를 만나게 된 이 카페의 따스함과 같은 온도의 풍경이.

비 오는 날의

풍경

내내 비가 내렸다. 아끼는 진분홍색 우산을 들고 신호등 앞에 멈춰 고개를 드니, 건널목 반대편에서 아마도 나와 같은 마음일 사람들이 눈에 들어온다.

궂은 날씨도 반복되는 일상도 지겨운 그런 마음. 언제부터 비를 싫어하게 되었지? 이런 저런 생각을 하며 신호가 바뀌기만을 기다리고 있는데, 신호등에 파란불이 들어왔다. 동시에 반대편에서 아주 커다란 꽃다발의 꽃들 같은 색색의 우산들이 내 쪽으로 걸어온다. 그 풍경을 마주하자니 문득 늘 다를 것 없던 오늘이 생소하게 느껴졌다.

늘 비슷한 시간대에 비슷한 길을 걷고, 비슷한 풍경들을 맞이하는 하루를 보낸다. 그렇게 같은 일상을 반복하며 살아가는 게 재미없다고 느끼지만, 실은 나 외의 다른 것들에 관심이 없어서인 건 아닐까.

비 오는 날에만 볼 수 있는 풍경들이 있다.
바닥만 바라보고 걷다 보면 미처 볼 수 없는 풍경.
잠시 고개를 들어 내 일상에 숨어있는 색깔을 찾아본다.
늘 곁에 있었지만 보지 못했던 일상의 예쁨들을.

선명한

My favorite color●

코발트블루

계절에 따라, 그때그때 기분에 따라,
시시때때로 좋아하는 색이 바뀌지만,
역시 그 시기에 가장 좋아하는 색은
그리는 그림을 보면 알 수 있다.

요즘은 선명한 코발트블루를 좋아하나 보다.

자꾸 그림에 그 색으로 표현할 수 있는 것들이 등장한다.

파란 바다
파란색 빛을 내는 열대어
산토리니의 파란 지붕들
내 파란색 가디건.

파란색 계열의 색연필을 가지런히 펼쳐놓고 도화지를 펼쳤다.

이번만큼은
그려야 할 이야기에서 출발하는 게 아닌,
그저 좋아하는 색으로부터 시작되는 그림을 그리기로 했다.

시작점이 다른 그림은
또 다른 이야기로 나를 데려다 줄 테니까.

성과

깃발

차를 타고 달리는 중, 저 멀리 도로 한쪽에 붙은 시 경계안내 사인을 보았다.

'어서 오세요, 용산구에 오신 걸 환영합니다.'
안내판에 적힌 글 옆엔 용산구의 심벌로 보이는 그림이 있었다. 동그라미 안에 산을 형상화한 것 같은 세모가 있고, 세모 안엔 남산타워가 하얗게 그려져 있다. 그 아래 파란색 물결무늬는 아마도 한강을 뜻하는 것 같다.

"있잖아, 왜 서울에 있는 심벌들엔 산이 많을까? 보면 거의 다 산이 있는 것 같아."

문득 궁금해져서 열심히 앞만 보고 운전을 하는 남편에게 물었더니 나를 흘끗 쳐다보고는 고개를 갸우뚱 한다.

"흠…"
잠시 생각에 잠긴 듯하더니 이내 말을 잇는다.
"지역에서 가장 상징적인 걸 찾다가 그렇게 된 거 아닐까? 근처에 크고 유명한 산이 있는 지역은 랜드 마크가 산일 테니 산이 들어갈 테고, 한강을 끼고 있는 지역이라면 아마도 강을 형상화해서 심벌에 넣지 않을까?"
"으응, 그렇겠지?"

요새는 아파트를 지을 때도 숲세권이면 포레스트가 들어가고, 공원이 근처에 있으면 파크뷰고, 높은 언덕에 있으면 힐이나 스카이가 들어간다고 한다. 아파트 이름조차 그렇게 지리적 이점을 내세워 짓는데, 지역을 상징하고 한눈에 알아볼

수 있는 역할을 하는 심벌이야말로 그 지역이 가지고 있는 가장 좋은 것을 담겠지.

"그러고 보니, 우리가 살고 있는 중구의 심벌은 어떻게 생겼지? 잘 기억이 안 나네?"
남편의 말에 둘 다 갸우뚱-.
보면 알 것 같은데 아무것도 없는 상태에선 확실히 기억나지 않는다. 사실 매일 본다고 해도 눈여겨보지 않는 이상 뇌리에 남진 않으니까.

'중구에도 산이 있었던가…'
난생처음 중구청에 들어가 소개란에 들어갔더니 익숙한 마크가 나온다.
소문자 'd' 모양을 한, 작은 동그라미와 긴 막대기를 합쳐 놓은 듯한 심벌마크.

"아, 그래, 이거였지? 중구의 심벌은 자연을 형상화한 게 아니네?"

심벌을 설명하는 글을 소리 내어 읽었더니 남편은 "이야기는 만들기 나름이야."라며 시니컬하게 웃는다. 생각해보면 서울에 있는 25개 구 모두 자기 구를 상징하는 마크가 있으니, 우리가 기억하지 못할 뿐 아주 많은 곳에서 여러 심벌들을 스쳐 지나갔을 것이다.

갑자기 여행 중 만났던 깃발들이 생각났다.

유명한 성이면 반드시 있었던 근사한 깃발들. 아니, 조금 더 정확하게는 깃발 속의 가문을 뜻하는 문장이랄까? 푸른 하늘을 배경으로 커다란 성의 지붕 위에서 펄럭이는 깃발들을 보고 있으면, 역사를 잘 알지 못해도 그 옛날 그 가문이 얼마나 용맹하고 강력한 가문이었는지를 체감하게 된다.

유명한 가문마다 자신을 나타내는 아름다운 문장을 갖고 있다. 독수리, 사자, 용과 같은 맹수들이 있기도 하고 장미나 백합 같은 꽃도 있다. 중세 유럽에서 전쟁 때 아군과 적군을 구별하는 데 어려움이 있어 표식을 만들어 보급하기 시작한 것이 바로 문장의 시초라고 한다.

생각해보면 세계사 시간에 배운 영국의 장미전쟁도 흰 장미를 문장으로 하는 요크가와 붉은 장미를 문장으로 하는 랭커스터가의 왕권을 두고 일어난 내란이 아니었던가. 각 가문의 문장이 얼마나 큰 역할을 했는지는 '장미전쟁'이라고 이름 붙인 것만으로도 알 수 있다.

그렇게 유럽 중세 성들을 돌아다니며 본 문장들이 흥미로워서, 그 이후에 꽤 여러 나라 유명한 가문의 문장들을 찾아보았던 것 같다.
프랑스 루이 왕가의 문장은 백합. 어쩐지 고고한 느낌이다.
센고쿠 시대 도쿠가와 이에야스의 문장이 제비꽃이라니, 이건 좀 의외다.
해외에만 있는 게 아니었다. 우리나라의 유명한 가문, 전주 이씨나 안동 김씨 등에도 심벌이 있다는 걸 알게 되었다.

이야기를 갖다 붙이기 나름이라지만,
이야기란 얼마나 중요한가.
이름이 생기는 순간 특별해지는 것도 분명 있다.

별것 아닌 것처럼 보이는 작은 심벌 하나의 의미가 커질수록 그것을 갖고 있는 사람의 책임감도 커진다. 동그라미 하나와 선 몇 개로 그려진 태극기를 보면 어쩐지 마음이 웅장해지는 것처럼.

문득, 생각해본다.
나를 나타내는 문장이 있다면 그건 어떤 모습일까.
생각은 꼬리에 꼬리를 문다.
그저 무심코 스쳐 지나간 심벌 하나가
나의 문장까지 생각하게 만들다니.

용산구를 지나친 자동차가 중구에 들어섰고, 예전엔 그저 생각없이 지나쳤던 소문자 d가 여기저기 눈에 띄기 시작했다.

세상에서 가장

아름다운 서점

누군가는 지도를 들고,
누군가는 자전거를 타고,
누군가는 가던 걸음을 멈추고.
문을 열고 들어선다.

모두 다른 이가 같은 마음을 안고 문을 연다.
이곳은 설레는 마음들이 모이는 곳,
세상에서 가장 아름다운 서점이다.

설탕

내 서랍 속 작은 통엔 네모난 설탕봉지들이 있다.
여행 중, 커피를 주문할 때 함께 나오는 설탕의 포장지가 너무 예뻐서 하나씩 모은 게 시작이었다.

모양도 색도 다른 설탕봉지들을 어느 여행에서, 어떤 카페에서 가져왔는지 늘 알쏭달쏭하지만,
그렇게 기억을 더듬어 가다 보면
추억도 함께 따라온다.

설탕봉지를 따라가는 달달한 두 번째 여행이랄까.

해리포터에 나오는 비밀의 문처럼,
앨리스를 데려간 토끼가 만들어낸 시간의 문처럼,
나만 아는 비밀의 문이 열린다.

동그란 눈의
의미

앞서가는 화물차 뒤쪽에 붙은 커다란 동그라미 두 개가 마치 눈처럼 보였다.

'왕눈이 스티커인가, 저런 큰 스티커는 어디서 구했지?'

차주가 장난으로 붙여놓은 건가 싶어 대수롭지 않게 여겼는데, 운전하는 내내 어쩐지 나를 쳐다보고 있는 느낌이라 본의 아니게 눈을 부릅뜨고 눈싸움을 하며 운전을 하게 되었다. 그런데 그 이후로도 종종 눈이 붙여진 화물차가 보였다. 이런 눈을 붙이는 게 유행인건가 싶어 찾아보았더니, 한국도로공사에서 화물차 추돌사고를 예방하기 위해 '잠 깨우는 왕눈이' 스티커를 개발해 보급하기로 했다는 기사가 나왔다.

그림과 사진으로 표현된 사람의 '눈'은 보는 사람에게 심리적 압박을 가해 바른 행동을 유도한다고 한다. 이런 '감시의 눈' 효과에 착안해 스티커를 개발했다는데, 이걸 통해 화물차 사고 예방과 졸음운전 예방을 하겠다고 설명하고 있었다.

장난 같은 그림이 생각지도 못한 의미를 담고 있다는 걸 알게
되니, 어쩐지 신기하기도 하고 재미있기도 했다.

눈싸움을 하듯 눈을 부릅뜨고 운전을 하게 만드는,
운전자들을 동그란 눈으로 주시할 고속도로의 감시자들.

이런 소소하고 재미있는 그림들이 매일 더 늘어나기를.

구름도

그림을 그리는 날

늘 고개를 숙이고 살다가
문득 올려본 하늘이 도화지 같다.
파란색 도화지에 하얀 구름 색연필로 그림을 그린다.

오늘, 참 맑은 날.

구름도 그림을 그리는 날.
내 마음에도 그림 그리기 참 좋은 날.

홍콩 영화는

늘 습기를 머금고 있다

가끔 낯선 풍경들을 마주할 때면, 내 눈이 보고 있는 게 풍경이 아닌 그림처럼 느껴질 때가 있다. 처음 홍콩에 대한 인상이 딱 그랬다.

영화에서 보던 홍콩은 필름 카메라로 찍은 것처럼 흐릿하고 눅눅하고 채도가 높은 도시였다. 그 모습이 인상에 남아있음에도, 온몸의 감각으로 느껴보는 홍콩은 생소했다. 그림으로 치면 꾸덕꾸덕한 물감으로 질감까지 표현한 유화 같달까.

낡고 높은 건물, 습한 온도, 많은 사람들, 어지럽고 화려한 간판, 반짝이는 불빛, 도로를 가로지르는 트램과 빨간 택시들까지. 유화 그림 속 각각 다른 색깔의 물감들처럼 온통 뒤엉켜있었다.

그리고 집집마다 밖에 걸어놓은 빨래들. 그 집에 아이가 있는지 남자가 있는지 여자가 있는지, 그 사람의 취향이 무엇인지까지. 그 모든 것들이 한눈에 보일 만큼 다양한 빨래들이 베란다에서 펄럭이는 모습은 난생처음 보는 이색적인 풍경이었다.

이 도시는 내게 이런 그림을 보여주는구나.

문득, 이 특별한 그림 속에 내가 있을 거라 생각하니, 가슴이 뛰기 시작했다.

바람이 습한 기운을 머금고 있는 걸 보니 또 비가 올 것만 같다.
나를 반기듯 회색 하늘을 배경으로 빨래들이 춤을 춘다.
만국기처럼 펄럭이는 빨래들은 회색빛 도시를 컬러로 물들인다.

그 빛이

아름다워 보이는 이유

"만약에 집에 불이 나서 딱 하나의 물건만 가지고 나갈 수 있다면 뭘 가지고 나갈 거야?"

어느 날 친구들과의 모임에서 누군가가 질문을 던졌다.
갑자기 무슨 소리냐며 눈에 물음표를 오백 개쯤 달고 친구를 바라보던 우리는 금세 열렬한 토론에 빠져들었다. 신분증이나 현금, 카드 등을 들먹이며 무조건 현금화시킬 수 있는 게 최고라느니, 땅문서가 없어 아쉽다느니, 지난달에 12개월로

긁은 가방 할부가 아직도 10개월이나 남았는데 하나만 가지고 나갈 수 있는 거면 그건 어쩌냐느니, 일어나지도 않은 일에 감정이입을 하는 바람에 몹시 소란스러워졌다.

"j는 뭘 가지고 나갈 거야?"

시끌벅적한 우리와 달리 어쩐지 곰곰이 생각에 빠진 듯한 j를 향해 또 한 친구가 물었다.

"j는 집을 통째로 들고 나가야지! 젠가 하듯 아파트에서 1201호만 그대로 빼서 들고 나가."

친구들 중 누군가가 한 말에 다들 깔깔대며 웃었지만 여행광이자 아트 컬렉터인 j의 집을 여러 번 가본 우리는 곧 그녀보다 더한 선택의 괴로움에 빠지고 말았다.

이태리에서 직구해서 한 달 걸려 받았다는 유명 디자이너의 시계? 거실에 걸려있는 프랑스의 빈티지 숍에서 사온 오래된

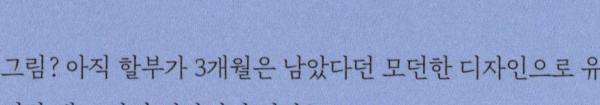

그림? 아직 할부가 3개월은 남았다던 모던한 디자인으로 유명한 꽤 고가의 디자이너 의자?

"있잖아. 우리 집 작은방에 걸려있는 노란 조명 알지?"

그 집에 뭐가 있었나 그녀의 컬렉션을 쥐어짜내던 우리에게 j는 명쾌하게 답을 내려주었고, 다들 그녀의 작은방 조그마한 테이블 위 대롱대롱 매달려있는 노란 조명을 떠올리며 '아!' 하고 탄성을 내질렀다.

그건 j가 프랑스 남부의 시골 마을로 여행했을 때 일이었다. 길에서 만난 할아버지에게 길을 물은 게 인연이 되어 그날 밤, 저녁식사에 초대되었다.
프랑스 현지인의 오래된 가정집은 마치 보물창고와도 같은 느낌이었다고 했다. 바닥에 펼쳐놓은 몇 십 년은 되어 보이는 짙은 녹색의 카펫과 흑백사진들, 손때 묻은 반질반질한 창틀과 발을 디딜 때마다 삐거덕거리는 오래된 나무 계단. 그리고 계단 아래 네모난 상자 안에 담겨있던 노란색 갓이 귀

여운 낡은 조명.

그 상자 안 낡은 조명이 바로 우리가 탄성을 내지른 노란 조명이다.

j가 상자 안에 있던 조명에 관심을 보이자, 할아버지는 더듬더듬 영어 반, 손짓 반으로 이야기를 해주었다고 했다.
이 조명은 할아버지의 아버지 대부터 있었던 백 년도 넘은 조명이다, 소중한 조명이지만 낡기도 했고 최근 전기공사를 해서 우리는 사용하지 않게 됐으니 혹시 네가 관심이 있다면 선물로 주겠다, 라는 이야기였다.

어떠한 경험은 또 다른 경험으로의 길을 열어주기도 한다는 걸 그때 알게 되었다. 첫 번째 여행에서 뜻하지 않은 큰 선물을 받게 된 j는 그때부터 일 년에 몇 차례 여행을 가면서 빈티지한 물건이나 그림을 사 모으는 아트 컬렉터가 되었다.

비싸고 좋은 제품이나 브랜드가 주는 가치가 있다. 그 세련됨

이나 독특함, 그리고 쉽게 구매할 수 없는 가격에 열광하는 이유도 알 것 같지만, 불이 났을 때 가지고 나갈 소중한 물건으로 노란 조명을 꼽은 걸 보면, j가 1순위로 삼는 물건의 가치란 가격이나 브랜드보다는, 그것에 담긴 이야기가 아닐까.

조명의 주인이었던 프랑스인 할아버지는 그 아래서 책을 읽었을 테고 할머니는 뜨개질을 했을 것이다. 분명 그들의 아이들도 그 조명과 시간을 함께했을것이다. 그리곤 지구 반대편 자그마한 나라에서 온 검은 머리의 여자에게 조명을 맡겼다. 앞으로 시간이 흐르면 우리의 이야기까지 더해 또 누군가의 손으로 전해지겠지.

지금 여기, 한국의 서울 한복판 네모난 아파트의 어느 집에 달려있는 작은 등이, 불이 나면 제일 먼저 챙겨질 정도로 사랑받고 있다는 사실을 프랑스 할아버지도 알았으면 좋겠다. 어쩐지 오늘따라 j의 작은 등도, j의 눈빛도 더 반짝반짝 빛나는 것만 같다.

여행이 보여준

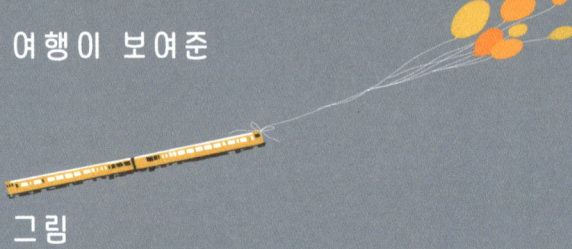

그림

딱 열 번째 교토 여행이었던 걸로 기억한다.

간사이 지방으로 떠나는 일본 여행이 유행하던 시기였다. 보통의 여행자가 그러했듯 첫 간사이 여행의 루트는 오사카를 중심으로 근교의 나라, 고베, 교토를 하루씩 들르는, 일명 도장 깨기 루트. 교토는 세 도시 중에서도 마지막 여행지였다. 하지만 하루를 바짝 다니면 볼 건 다 볼 수 있다던 교토는 3일을 머물렀음에도 불구하고 갈증이 났다. 고즈넉하고 잘 정돈

된 첫인상만큼 좋아서였을까. 떠나는 날, 두 번째는 조금 더 길게 와야겠다고 생각했던 것 같다.

자연스럽게 두 번째 여행부터는 교토가 중심이 되었다. 카페 투어, 갤러리 투어 등 매 여행마다 나름의 목표를 설정해놓고 열심히 다니기 시작했다.

그렇게 네 번째 다섯 번째…. 아는 사람들이 생겼고, 익숙한 곳이 생겼다. 방문 횟수가 늘고 머무는 기간이 길어지고, 나는 그렇게 교토와 인연을 맺어갔다. 갈 때마다 챙기는 새로산 스케치북엔 그림이 늘어가고, 일기가 빼곡히 찼다.

그렇게 열 번째.
14일간의 머무름이 끝나고 다시 일상으로 복귀하던 그날.
어쩐지 그 여행에서 나는 아쉬움보다는 알 수 없는 권태를 느꼈다.

대화가 오가지 않아도 함께 있는 게 어색하지는 않지만, 새롭지 않아 설렘도 없는, 오래 사귄 연인에 대한 권태 같은 느낌이었달까. 내가 또 언젠가 시간을 내어 이곳에 올 수 있게 될까. 아니, 그것보다도 다시 와야 할 이유가 있을까.

간사이공항으로 향하는 jr노선을 타고 가며 잠시 그런 생각을 했던 것도 같다. 그렇게 미묘한 마음을 가지고 생각에 잠겨있는데 기차가 덜컹거렸다. 순간 내 옆에 있던 캐리어가 쓰러졌고, 급히 캐리어를 일으키며 정리하는데 뭔가가 잘못됐다는 생각이 들었다.

창밖의 풍경이 낯설었다.
늘 돌아가는 길에 보던 그 길이 아니었다. 지도를 보니 나는 공항 방면이 아닌 다른 곳으로 향하는 기차를 타고 있었다. 온몸의 신경이 곤두섰고 등줄기를 타고 식은땀이 흘렀다. 여기가 어디인지 감히 짐작도 할 수 없어 급히 역무원에게 가서 사정을 말하니, 표정이 심상치 않다. 당황한 역무원은 비행기 시간이 언제이고, 몇 시까지 공항에 도착해야 하는지를 상세히 물어보고는 무전기로 누군가에게 이야기를 했다. 그리고 잠시 후 다행이란 표정으로 작은 쪽지에 환승해야 할 역과 노선과 시간을 적어주었다.
환승해서 가면 늦지 않을 것 같아요.
내가 환승해야 할 역에 도착하면 알려줄게요.
나를 대신해 안심했다는 듯 말하는 역무원 아저씨의 표정을 보고 나서야 나도 마음을 놓았다.

아저씨가 손짓하는 자리에 앉은 뒤, '후-' 하고 한숨을 내쉬니 그제야 마음이 좀 편안해졌다.

기차는 알 수 없는 곳을 향해 달린다. 오래된 일본 애니메이션에서 봤을 법한 산을 따라 만든 길을 타고 굽이굽이 어딘가를 향해 달려간다. 그리고 짧은 그 순간, 창 밖으로 보이는 화려한 단풍에 시선이 머물렀다.

그날의 일기를 들추어본다.
오래된 기차의 창문 너머로, 쏟아지듯 내리쬐는 붉은 빛의 향연.

태어나서 그렇게 깊고 아름다운 색은 처음이었다.
태양을 마주하면 저런 색을 가지고 있을까.
서너 정거장 남짓, 목적지를 알 수 없는 짧은 시간을 그 붉은 풍경과 보내고, 환승해야 할 작은 역에서 다음 기차를 기다리며 신발 옆에 떨어져있던 단풍을 주워들었다.
아기의 손바닥과 같은 모양.
작고 붉은 그 단풍을 일기장 사이에 끼워 넣었다.

✕

마지막이라고 생각했던 것들, 다 알고 있다고 생각했던 것들이 마치 나를 붙잡듯 다른 모습을 보여준다.
여행에서 마주치는 모든 것, 길을 가다 발견한 어떤 것.
사소한 것들이 보여주는 새로운 그림들.
그림도 여행도, 결코 끝나지 않는다.

그림들의 ──── 혼잣말

1판 1쇄 인쇄	2021년 8월 13일
1판 1쇄 발행	2021년 8월 20일
글·그림	조선진
발행인	황민호
본부장	박정훈
책임편집	김순란
마케팅	조안나 이유진 이나경
국제판권	이주은
제작	심상운
발행처	대원씨아이㈜
주소	서울특별시 용산구 한강대로15길 9-12
전화	(02)2071-2017
팩스	(02)749-2105
등록	제3-563호
등록일자	1992년 5월 11일
ISBN	979-11-362-8370-2 03810

- 이 책은 대원씨아이㈜와 저작권자의 계약에 의해 출판된 것이므로 무단 전재 및 유포, 공유, 복제를 금합니다.
- 이 책 내용의 전부 또는 일부를 이용하려면 반드시 저작권자와 대원씨아이㈜의 서면 동의를 받아야 합니다.
- 잘못 만들어진 책은 판매처에서 교환해드립니다.